팔라우의 작은 신화,

하순섭

아직도 현역이다!

팔라우의 작은 신화,
하순섭

하순섭 지음

예미

하순섭 회장은 우리가 겪어야 했던 질곡의 한 시대를 송두리째 함께 겪어온 인물이다. 동시대의 아픔을 온몸으로 함께 감당해 온 인물이고 피할 길 없는 좌절의 파도를 함께 헤쳐 온 입지전적 인재이다.

그러나 우리는 그의 아픔과 환희를 속속들이 알지는 못한다. 월남전에서 그 목숨을 내던지고 싸운 구극적^{究極的} 처절함, 남태평양에서 파도보다 깊은 곳을 항해해야 했던 삶의 무게와 깊이를 동아시아의 한쪽에서 삶을 누리고 있는 우리는 상상만으로는 알 수가 없었다. 그런 점에서 때때로 우리는 목숨보다 진한 피땀이 엉긴, 그 시대 사나이들의 삶의 기록을 과부족 없이 공부하고 싶었다.

남태평양이 블루오션으로 떠오를 때 그는 바다에 대한 꿈을 키웠다. 그러나 인생의 행로는 그를 해병대 장교가 되도록 이끌었다. 그리고 월남전에서 생사를 뒤섞어 함께 뒹굴게 했다. 파란만장하게 바다를 개척해야 할 운명이 그를 마침내 부산수산대학교 졸업생답게 원양어선 선장이 되게 했다.

그 폭넓은 움직임 사이에 한 청년은 어떤 굴곡진 삶을 살았을까?

나는 그의 『팔라우의 작은 신화, 하순섭』를 통해 그런 궁금증을 풀고, 인생의 새로운 한 단면을 배우고자 한다.

- **강남주** 전 부경대학교 총장

이민 또는 다른 이유로 남의 나라에서 살면서, 현지인의 텃세와 편견 등으로 얼마나 많은 서러움과 좌절을 느꼈을지는 겪어본 사람이 아니면 감히 상상할 수 없습니다.

그런 어려운 상황을 이겨내고 타국 현지에서 성공하려면 소위 '근면한 한국인 정신' 외에도 다른 특별한 요소가 필요하다고 생각합니다.

40여 년 넘게 남미 파라과이에서 살면서 브라질과 국경을 맞댄 시우다드델에스테에서 화장품 사업으로 자리를 잡은 저의 경우는 제 성공의 비결을 "수많은 실패에서 얻은 교훈과 책이 아닌 현장에서 터득한 경험" 그리고 "일시적 화려함이 아니라 변치 않는 꾸준함" 이라 말한적이 있습니다.

마찬가지로 오랜 세월 동안 팔라우에서 건설업과 부동산개발, 호텔, 관광 등 여러 분야의 사업을 펼치면서, 외국인으로서는 유일하게 팔라우에서 할 수 있는 거의 모든 업종에 대한 허가권을 보유했을 뿐만 아니라 임기 4년의 대통령 경제고문을 두 번 맡을 정도로 팔라우 사회의 신임을 한 몸에 받는 저자의 성공 비결도 결국 뿌린 대로 거둔다는 믿음에서 나왔다고 생각합니다.

'대추가 저절로 붉어질 리는 없다.'라는 시인의 글처럼 저자가 뿌린 피와 눈물 그리고 땀의 결과로 얻은 결과입니다.

직접 인사는 못 드렸지만, 《팔라우의 작은 신화, 하순섭》에서 엿본 저자의 성공 요인은 수많은 실패에서 얻은 경험과 노하우를 바탕으로 끊임없는 노력, 긍정적인 태도 그리고 조국과 현지 사회에 기여하는 마음 등에서 제 모습과 같다고 생각합니다.

"젊은이여! 오대양 육대주에 도전하라"라는 저자의 말처럼, 이 책을 읽고 한국의 청춘들이 세계로 눈을 돌려 거침없이 더 넓은 세상으로 뛰쳐나가 도전하고 개척하는 삶을 선택하면 좋겠습니다.

— **명세봉** 《파라과이 랩소디》 저자, 파라과이 '테라노바' 회장

남태평양의 작은 섬나라 팔라우에 첫발을 디뎠을 때 마치 낙원에 들어서는 기분이었다. 작열하는 태양 아래 망망하게 펼쳐진 비췻빛 바다, 점점이 떠 있는 그림 같은 산호섬들, 야자수 그늘 아래 이어진 하얀 백사장!

10여 년 전 '신들의 정원'으로 불리는 팔라우에서 처음 하순섭 회장을 만났다. 당시 70대 중반이었던 그는 23개 분야의 사업을 벌이면서 팔라우 경제를 주무르고 있었다. 하 회장은 종합건설과 유통, 호텔, 관광, 레저, 무역 등 외국인으로는 유일하게 팔라우에서 할 수 있는 거의 모든 업종의 허가권을 지니고 있었다.

도대체 하 회장은 무슨 사연으로 팔라우에 정착했을까. 오대양 육대주를 무대로 펼쳐지는 그 서사는 대하소설로 풀어내도 될 만큼 파란만장한 것이었다. 그중 일부를 나의 졸저 《부의 지도를 넓힌 사람들》(예미)에 소개했지만, 장님 코끼리 만지기 식일 수밖에 없었다.

이제 하 회장의 《팔라우의 작은 신화, 하순섭》를 통해 그 흥미진진한 삶

을 자세히 들여다볼 수 있게 됐다. 베트남전쟁 때 해병대 장교로 사선을 넘나들고, 원양어선 선장으로 거친 파도에 맞서고, 팔라우에서 사업을 하면서 숱한 어려움을 극복하는 과정은 웬만한 영화나 소설보다 더 극적이다. 무엇보다도 글로벌 무대 진출을 꿈꾸는 이들에게 희망과 용기와 영감을 주는 이야기다. 하순섭 회장의 '글로벌 어드벤처'에 여러분을 초대한다.

– **박상주** 지구촌순례기자

팔라우의 전 국회의장으로서 한파산업개발 하순섭 회장의 《팔라우의 작은 신화, 하순섭》 출간을 진심으로 축하드리며, 깊은 존경과 경의를 담아 이 글을 씁니다.

As a former Speaker of the House of Delegates of the National Congress of Palau, I extend my heartfelt congratulations to Chairman Ha Soon-Seob of the Hanpa Industrial Development Corporation on the publication of 《Mr. Ha, a little myth in Palau》, and it's with deep honor and respect that I write this article.

하순섭 회장은 45여 년 동안 팔라우의 그림 같은 풍경 속에서 자신의 삶을 일궈왔을 뿐만 아니라 우리 경제의 초석이자 기업가 정신의 빛나는 본보기가 되어 왔습니다.

For more than 45 years, Mr. Ha has not only made a life for himself in the picturesque landscape of Palau but has also served as a cornerstone of our economy and a shining example of entrepreneurship.

팔라우의 현재와 미래에 중추적인 역할을 한 하 회장은 폭넓은 경력과 변함없는 헌신을 통해 경제와 사회에 지울 수 없는 흔적을 남겼습니다.

A pivotal figure in Palau's present and future, Chairman Ha has left an indelible mark on our economy and society through his extensive career and unwavering dedication.

하 회장은 팔라우에서 거의 모든 유형의 사업 허가를 보유한 유일한 외국인으로, 다양한 사업에 참여할 수 있는 자격을 갖추고 있습니다. 그의 건설 벤처는 공공시설, 도로, 주택을 개선하여 관광 산업을 발전시켰을 뿐만 아니라 호텔과 콘도 개발을 주도하여 현지 및 해외 관광객 모두에게 훌륭한 숙박 시설을 제공했습니다. 또한 그가 운영하는 농업 기업들은 팔라우의 식량 안보에 기여하고 지역 경제를 강화하는 데 일조하고 있습니다.

Mr. Ha is the only foreigner in Palau to hold permits for almost every type of business, allowing him to engage in a wide variety of ventures. His construction ventures have not only enhanced tourism by improving public facilities, roads, and housing, but have also spearheaded the development of hotels and condominiums, providing excellent accommodations for both local and international tourists. In addition, his agricultural enterprises contribute to Palau's food security and strengthen the local economy.

하 회장의 팔라우에 대한 헌신은 사업 외에도 자선 활동과 대통령의 신뢰할 수 있는 경제 고문의 역할에서도 잘 드러납니다. 그는 팔라우 지역 사회와 현지 학생들, 그리고 한국의 모교를 지원하는 아낌없는 후원자입니다.

Beyond his business ventures, Chairman Ha's commitment to Palau is evident through his philanthropic endeavors and his role as a trusted economic advisor to the President. He is a generous benefactor who supports the Palau community, local students, and his alma mater in South Korea.

하 회장의 헌신과 열정은 팔라우의 미래를 밝히고 있으며, 그의 지칠 줄 모르는 노력과 리더십은 팔라우 사회에 지속적인 영향력을 남기고 있습니다.

Chairman Ha's dedication and enthusiasm illuminate the path to Palau's future, and his tireless efforts and leadership leave a lasting impact on Palauan society.

이 책을 통해 한국과 팔라우의 젊은 독자들이 큰 포부를 품게 되길 바라며, 항상 건강하시길 기원합니다.

I hope this book serves as an inspiration to young readers in Korea and Palau to pursue high ambitions, and I extend my best wishes for your continued good health.

Sincerely,

Mr. Ignacio Anastacio

Former Speaker, House of Delegates

National Congress of Palau

— 이그나시오 아나스타시오 전 팔라우 국회 하원의원 의장

팔라우는 '신들이 감춰둔 정원'으로 불리는 섬이다. 황금빛 태양과 쪽빛 바다 그리고 짙푸른 열대우림이 어우러진 풍광은 그야말로 천국처럼 느껴진다. 45년째 팔라우에 살고 있지만 여전히 경이로움을 느낀다.

눈코 뜰 새 없이 바쁜 와중에도 주말이면 팔라우 이곳저곳을 돌아다닌다. 어느 날 한 무리의 지인들이 나에게 보여줄 게 있다며 바다 쪽으로 안내했다. 산을 넘고 바다를 건너 도착한 곳은 옹게이미 게다우Ongeimi Tketau라는 바닷물 호수였다.

둘레 3~4km쯤 되는 호수엔 수만 마리의 금빛해파리Golden Jellyfish가 서식하고 있었다. 해파리는 접촉을 하면 조건반사적으로 독을 쏜다. 하지만 금빛해파리는 촉수가 퇴화해 독을 지

니지 않고 있다. 옹게이미 게다우는 세계 유일의 '독 없는 해
파리 호수'였다.

처음에는 믿을 수 없어 물속으로 들어가는 것을 주저했다.
지인이 호수에 들어가 해파리를 맨손으로 잡아 보여주었다.
나도 용기를 내어 따라 들어갔다. 해파리들이 몰려왔다. 몸에
스치는 해파리들은 우뭇가사리처럼 매끄러웠다.

옹게이미 게다우 호수는 약 2만 년 전 화산폭발 때 라군
Lagoon, 환초 늪이 융기하면서 형성된 곳이다. 융기 과정에서 돌
빙파제로 둘러싸이면서 바다와 차단되었다. 석회암을 통해
스며드는 해수와 육지의 민물이 섞이면서 특수한 환경이 만
들어졌다. 해파리들은 이런 환경에 적응하기 시작했다. 촉수
가 퇴화하면서 변종 해파리로 진화한 것이다.

사람도 자신이 처한 환경에 적응하면서 산다. 대한민국에
서 태어난 나는 오대양 육대주를 누비면서 배를 타다가 팔라
우에 정착을 했다. 선주 겸 선장으로 배를 몰고 팔라우에 들어
서는 순간, 감전이라도 된 것처럼 팔라우에 매료됐기 때문이
었다. 나는 남태평양 한가운데에 있는 작은 섬 팔라우에서 새
로운 삶을 일구었다.

나의 삶에는 밀물이 있었고, 또 썰물도 있었다. 물이 들어

올 때는 열심히 노를 저었고, 물이 나갈 때는 절치부심 때를 기다렸다. 메모광인 나는 그 과정을 꼼꼼히 기록해 나갔다.

어느 날 그 기록을 펼쳐보았다. 파노라마처럼 나의 삶이 기록돼 있었다.

나는 해방되기 2년 전 태어났다. 내 고향은 대한민국 남단의 조그마한 시골 마을이다. 수산입국의 야망으로 수산대학교에 진학했던 일, 해병대 장교로 월남전에 참전했고 원양 가다랑어 채낚기 개척선장으로 오대양을 누볐던 일, 남태평양 사모아와 서부 아프리카 가나에서 수산업에 종사했던 일, 그리고 이곳 팔라우에서 여러 기업을 일구던 과정이 어제 일처럼 떠올랐다.

이런 기록을 바탕으로 글을 쓰고 싶었다. 나의 삶을 세상에 전하고 싶었다. 나의 세대는 전쟁과 가난을 겪은 후에 고도성장을 누렸다. 대한민국이 해외로 뻗어 나가는 데 앞장선 사람들이다. 내가 풀어내는 이 이야기들은 결코 나만의 이야기가 아니라, 동시대를 살아왔던 우리 세대의 애환이기도 할 것이다.

누군가 세계 무대 진출을 꿈꾸는 이가 있다면, 누군가 삶의 방향을 찾지 못한 채 좌절하고 있는 이가 있다면, 그들에게 나의 이야기가 도움이 될 수도 있을 것이다.

투박한 나의 글들이 어느 누구에겐가 희망과 도전의 징검다리가 된다면 더 이상 바랄 게 없겠다.

비록 제대로 글쓰기를 배운 적이 없고 문장도 거칠고 엉성하지만, 미사여구를 꾸밀 줄 모를뿐더러 내 행적을 미화시킬 생각은 추호도 없다. 일체의 과장을 멀리하고 나 자신에게 부끄럽지 않게, 사실 그대로를 기술하고자 했다.

언제부터인가 호號를 하나 갖고 싶었다. 옳거니! 밀물과 썰물을 함께 품는 '갯벌 석潟'자에, 사람을 편안하게 끌어모으는 '호수 호湖'를 떠올렸다. 내가 '석호潟湖'라는 필명을 갖게 된 연유다. 필명까지 지었는데 책 한 권쯤 세상에 내놓아야 하지 않겠는가. 부끄러움을 무릅쓰고 내 분신 같은 글들을 묶어 세상에 내놓는다.

한평생 함께 고난의 길을 걸어온 아내에게 미안하고, 고맙고, 사랑한다는 말을 전한다. 팔라우에서의 내 활동을 오랜 세월 지켜봐 주셨고, 또 흔쾌히 추천사를 마련해주신 강남주 전 부경대학교 총장님, 파라과이 '테라노바' 명세봉 회장님, 박상주 기자님 그리고 이그나시오 아나스타시오 전 팔라우 국회 하원의원 의장님께 감사드립니다.

지금의 내가 있기까지 동행했던 모든 분들께 하나님의 은총이 함께하시기를!

팔십 줄의 나이에 들어섰지만 나는 여전히 현역이다. 내 주변 사람들은 내가 살아온 삶을 기적이라 말한다. 하지만 나는 한평생 꿈을 향한 도전을 멈추지 않았을 뿐이다.

나는 23개 업종에 걸쳐 사업을 이끌고 있으며, 외국인으로서는 유일하게 팔라우에서 거의 모든 업종의 면허를 지니고 있다.

여러 기업체를 운영하려면 정신없이 바쁘지만, 매일 새로운 바다를 항해하는 각오와 희망으로 설레는 아침을 연다.

'인빅터스Invictus'의 마지막 구절을 암송하면서.

"I'm the master of my fate, I'm the captain of my soul_
나는 내 운명의 지배자요, 내 영혼의 선장이다."

2024년 5월

팔라우의 한국인

석호渴湖 하순섭

목차

❶ 태행수산 근무 시 인도양 해역에서 잡은 1톤짜리 청새치
❷ 선주 겸 선장으로 처음 항해한 대윤수산의 야시오마루호
❸ 밴 캠프 시푸드사 근무 시 현지 직원과 수산대 후배 동원산업 주재원 기을경 소장과 함께
❹ 가나에서 팔라우 지사로 가기 전에 방문한 케냐 사파리 야생동물원 입구
❺ 1980년 팔라우 입국

1장

기꺼이 실패하라

오대양 육대주에서 담금질한 집념

PALAU

오대양 육대주에서
담금질한 집념

　인도양은 거칠었다. 집채만 한 파도가 몰려왔다. 웬만한 크기의 배는 게 눈 감추듯 삼켜버릴 기세였다. 400톤급 참치잡이 배는 문자 그대로 일엽편주일 뿐이었다. 한숨 제대로 자지 못한 선원들은 마치 혼이 나간 사람 같았다,

　월남전선에서 귀국한 나는 고려원양에 입사했고, 1969년 1월 부산을 출항한 '광명63호'는 일엽편주로 인도양을 가르고 있었다.

나는 첫 직장생활을 이렇게 바다에서 시작했다. 국립수산대학교 한 해 선배인 배정대 선장 밑에서 광명63호의 일등 항해사로 인생의 첫 출발을 한 것이었다. 인도양 해역으로 참치 조업을 하러 가는 길이었다.

나는 수산대학교 어로과 출신이다. 당시 수산대학교 출신들은 취업 문이 넓었다. 수산 관련 공공기관이나 기업 혹은 학교 등으로 갈 수 있는 길이 많았다. 하지만 나는 답답한 직장에 얽매이는 것보다 넓은 바다로 나가고 싶었다.

더군다나 원양어업 붐이 일기 시작할 때였다. 원양어선 선원들은 선망의 대상이었다. 세상 사람들의 눈에 원양어선 선원들은 돈도 많이 벌고 해외여행도 맘껏 하는 사람들로 비쳤기 때문일 것이었다.

배정대 선장이 지휘 통솔하는 광명63호를 타고 첫 조업에 나섰다. 조업 해역은 인도양 모리셔스 인근 해역이었다. 광명63호는 일본 시모노세키항에 들러 주낙과 낚시 등 어구와 식료품을 실었다. 중간에 말레이시아 페낭에 들러 기름을 채웠다.

조업 목표 해역으로 진입하기 하루 전, 우리는 시험 조업을 시작했다. 시험 조업은 본 어장에 도착하기 전에 초보 선원들을 훈련시키는 과정이다.

코르타르를 매긴 250km의 메인 라인의 주낙줄에 약 500개
의 프라스틱 뜸과 4,000개의 가짓줄에 낚시를 달아 미끼인 정
어리를 끼어 투승과 양승으로 시험 조업을 했다.

선원들은 면장갑을 착용했지만 손바닥에 코르타르가 떡고
물처럼 묻어나왔다. 코르타르 냄새가 선실에 진동해 잠을 잘
수 없을 지경이었다.

마침내 조업 예정 해역에 들어섰다. 날씨가 더할 나위 없
이 좋았다. 본격적인 조업을 시작했다. 올라오는 고기 씨알이
굵었다. 그러나 바다의 닭고기라 부르는, 통조림 주원료인 알
바코의 비중이 적었다. 며칠간 조업을 했지만 알바코는 잘 올
라오지 않았다. 배 선장이 240마일 남쪽 해역으로 배를 이동
시켰다. 다시 주낙을 던졌다. 씨알은 조금 적었지만 알바코가
많이 올라왔다. 날씨가 변동이 심해 바다가 거칠어지기도 잔
잔해지기도 했다. 파도와 싸우면서 2개월 가까이 조업을 했다.

90% 정도의 어창을 채웠을 무렵, 거친 날씨가 점점 더 심해
지기 시작해서 다소 걱정을 하면서 새벽까지 양승을 끝내고
선장이 투승을 할까 적수_{어종이 풍부한 어장을 찾는 항해}를 할까 망설이
는 중에 배 앞쪽으로 얼굴을 쑥 내미니 파도 한 점 없는 바닷

물이 명경처럼 되어 내 얼굴이 비치기도 했고, 배 주변에 황새 암수가 입을 맞추며 사랑놀이를 즐기고 있었다.

태풍의 전조가 시작된 것이었다.

태풍을 피해 하루 동안 북쪽의 적도로 이동하여 좋은 날씨에 투승을 하니 양승 중에 고기 씨알이 골고루 올라오고 있었다. 그러던 중 갑자기 주낙이 헝클어지기 시작했다. 무슨 영문인지 자동양승기Line Hauler에 감겨오는 낚싯줄이 헛돌고 있었다. 무언가 걸린 것 같아 천천히 원줄을 당겨보았다. 주낙이 금세라도 터질 것 같이 팽팽해졌다.

양승기 운전자에게 원줄을 풀어주라 지시했다. 원줄이 총알같이 물속으로 풀려나갔다. 엄청나게 큰 고기가 물린 것이었다. 배가 고기에 끌려 좌우로 요동쳤다. 원줄을 풀고 당기는 작업을 반복했다. 원줄에 꼬인 주낙을 천천히 간추리며 감아올렸다. 고기가 필사적으로 빠져나가려 요동을 쳤다.

마침내 고기가 모습을 드러냈다. 창끝같이 뾰족한 주둥이가 먼저 눈에 들어왔다. 주둥이 길이만 무려 1m에 달하는 대형 청새치였다. 헤밍웨이의 소설 《노인과 바다》에 등장하는 청새치, 바로 블루마린이었다.

노련한 갑판장 김창영 씨가 원줄을 감아올렸다. 청새치는 엄청난 힘으로 저항했다. 여러 선원들이 후크Hook, 갈고리를 들고 달려들었지만 청새치의 힘과 무게를 당할 수 없었다. 결국 데릭Derrick, 기중기을 동원해야 했다. 와이어로프로 청새치의 목을 감고 데릭으로 천천히 끌어 올렸다. 작은 잠수함 하나를 끌어 올리는 느낌이었다.

청새치는 고래보다 작지만 그 힘은 엄청나다. 그러나 바닷물을 떠난 청새치는 힘을 잃을 수밖에 없다. 갑판에 올라온 청새치는 해머 한 방을 맞고는 꼬리를 팔딱거리다가 눈을 감고 말았다.

선원들이 사진을 찍었다. 4m가 넘는 거대한 놈이었다. 운반선으로 옮겨 달아보니 1톤이 훌쩍 넘었다.

부산에서 출항한 지 꼭 140여 일 만에 만선을 이뤘다. 본사 지시에 따라 마다가스카르로 향했다. 남아프리카 동단에 위치한 마다가스카르는 우리나라보다 여섯 배나 더 넓은 섬나라다.

마다가스카르 동남부에 자리한 파라파가나Farafagana항구에 입항을 했다.

입항 수속을 하고 어획물을 운반선으로 넘겼다. 작업을 마치고 나니 어둠이 깔리고 있었다. 이제 홀가분하게 휴식을 취하는 시간이었다. 뱃사람들이라면 제일 먼저 찾는 곳이 여자가 있는 술집이었다. 일등항해사란 직책은 선원과 선박을 안전하게 이끌어야 할 임무가 있다. 사고 예방 차원에서라도 선원들 동선에 따라 함께 움직여야 한다.

저녁 식사를 마치고 2항사와 실항사, 1기사와 함께 선원들을 데리고 디스코클럽으로 향했다. 마다카스카르는 오랫동안 프랑스 식민지 국가였다. 불어는 하지 못하니 손짓, 몸짓으로 의사소통을 해야 했다. 춤추고 술 마시며 즐기는 데 문제는 없었다.

깜깜한 클럽 안에서 여러 색깔로 변화하며 발사되는 희미한 조명 아래, 흰 유니폼의 흑인 종업원들 모습은 얼굴이 보이지 않아 마치 목이 잘려버린 유령이 움직이는 것 같았다.

흑인 아가씨들과 춤추고 술을 마셨다. 바다에서 쌓인 피로를 푸는 시간이었다. 그 순간 한국에 있는 영애 씨의 얼굴이 불쑥 떠올랐다. 함께 영화를 보고 유원지에 놀러 가 사진을 찍던 추억이 주마등처럼 스쳤다. 영애 씨는 여동생 옥숙의 친구로 부산에서 대학에 다니고 있었다. 월남에서 귀국해 형과 형

수, 여동생과 가진 가족 모임에 우연히 함께 자리했다가 첫눈
에 반한 사람이었다. 몇 번을 망설이다 출항하면서 학교로 편
지를 보냈는데, 제대로 받기나 했는지 그제야 안달이 났다. 술
맛이 확 사라져 버렸다.

인도양에서 잡은 고기를 부두 앞 바다에서 냉동창고에 입
고 후 장기체류 중인 일본 운반선 대양마루에 넘기는 전재작
업을 마친 뒤 다시 출항했다. 필요한 선용품 구입 차 남아프리
카공화국 더반으로 향했다. 사흘 만에 더반에 도착한 우리는
그곳의 환경을 본 뒤 깜짝 놀랐다. 소문처럼 버스나 화장실,
식당 할 것 없이 흑백이 확연하게 구분되어 있었다. 어처구니
없게도 우리 일행 중 피부가 유난히 검었던 조기장 이길만 씨
가 극장 출입을 제지당했다. 그저 헛웃음만 나왔다.
이번에는 본사 지시에 따라 남미 어장으로 이동했다. 기상
이 악화되기 시작했다. 파도가 선수를 넘어 조타실 창문을 두
들겼다. 금세 태풍이라도 들이닥칠 것 같은 기상이었다. 다행
히 태풍을 피해 케이프타운에 안착해 서둘러 급유를 마쳤다.
선각자 마젤란이 최초 세계 일주 때 이곳을 지난 사실을 상기
하며 오후 시간 잠시 짬을 내 외출에 나섰다. 거리가 깨끗하게

정돈되어 있었다. 이곳에서도 일행들은 클럽에 들러 자정이 될 때까지 실컷 즐겼다.

다음 날 아침 케이프타운 항구를 빠져나온 광명63호는 세인트헬레나섬 방향으로 북상했다. 나폴레옹 보나파르트 황제가 유배당해 죽어간 섬이다. 대학 시절 내 별명 중 하나는 '더벅머리 보나파르트'였다. 더벅머리를 하고 다니는 내 모습이 나폴레옹을 닮았다는 것이었다. 섬 옆을 지나칠 때 그가 남겼다는 말을 떠올렸다.

"총칼을 쓰지 않은 예수가 나보다 더 위대했다."

그때만 해도 젊었던 터라, 그런 역사적 사실에 나 자신을 대입하며 자못 비장해지기까지 했던 기억이 난다.

긴 항해 끝에 아르헨티나 연안에 도착했다. 곧바로 조업을 시작했다. 인도양의 거센 파도에 비해 대서양은 잔잔했다. 그러나 며칠 작업해 보니 어황이 좋지 않았다. 다시 브라질 해역 쪽으로 접근했다.

며칠 동안의 시험 조업으로 좋은 어장을 발견했다. 알바코가 많이 올라왔다. 한 마리에 18Kg 이상 되는 큰 사이즈였다. 알바코 덕분에 인도양에서보다 두 배의 어획고를 올릴 수 있었다.

두 달여 만에 만선을 이뤘다. 만선의 우리 배는 스페인령 카나리아 군도로 향했다. 10일의 항해 끝에 카나리아 군도 중의 제일 큰 섬인 테네리페에 있는 기지에 도착했다. 테네리페에 도착하니 기지에서 편지 보따리부터 전해주었다. 장장 9개월 만에 받아보는 고향 소식이었다. 카나리아 군도의 유래는 나무가 자라지 않는 불모지에 무명의 한 변호사가 나무를 심어 우거지니 처음 날아든 새가 카나리아였기에 붙은 이름이다.

반갑게도 영애 씨의 편지가 여러 통 있었다. 편지지가 구멍이 날 만큼 읽고 또 읽었다. 서로의 마음을 확인하는 순간이었다. 영애 씨의 편지는 귀국 때까지 고달픈 조업에 크나큰 힘이 되었다.

마침내 귀국 비행 코스가 정해졌다. 라스팔마스~마드리드~파리~알래스카~도쿄~서울로 이어지는 여정이었다. 파리에서 영애 씨를 주려고 코티분 화장품과 알래스카 명물인 검은 다이아몬드 목걸이를 샀다.

가다랑어 채낚기
'신어법 개척' 챔피언 선장

당시 한국의 원양어업은 달러벌이의 첨병이었다. 원양어업 육성을 위해 정부는 이탈리아와 프랑스 등에서 들여온 차관으로 원양어선들을 무수히 사들였다. 배를 타는 사람들에게는 그만큼 여러 기회들이 주어졌다. 나는 서둘러 선장으로 진급하는 것보다, 새로운 조업 기술을 배우는 자리를 선택했다.

학창 시절 은사인 주경제 교수기 대행수산이라는 회사를 세웠다. 일본 마루베니의 중재로 설립된 한일합작회사였다. 고려원양을 떠나 태행수산으로 자리를 옮겼다. 가다랑어 개척선 첫 선장으로 내가 낙점되었다. 일본인 어로기술자 5명까지 합류했다.

출항 하루 전날, 영애 씨와 조촐한 약혼식을 올렸다. 약혼식 다음 날 배에 올랐다. 이제는 선장의 소임이었다. 199톤짜리 '팔테라 31호'가 내가 선장으로서 몰게 된 첫 배였다. 소형 선박이라 하와이에 들러 급유를 한 후 날짜변경선을 지나 파나마운하를 통과하고 서부 아프리카 가나 어장으로 향하는 대장정이었다.

40여 일의 항해 끝에 가나 테마항에 도착했다. 미끼용 멸치가 많이 서식하는 좋은 어장이었다.

선장으로서 첫 조업을 시작했다. 태평양은 파고가 심해 선미를 높여야 하지만 대서양 어장은 달랐다. 고기를 쉽게 낚을 수 있도록 선미를 낮게 한 일본 배들이 하루에 30~40톤, 많을 때는 90톤까지도 어획고를 올렸다. 가다랑어 채낚기 어업을 일본이 장악하고 있던 때였다.

일본 정부는 노후 선박이라도 한국 수출을 통제하고 있었다. 니치로 선단에서 수년 동안 개척한 테마 어장에 한국 배가 출어에 나서자 모두가 어이없어했다. 조업선형 자체가 이곳 어장환경과는 전혀 맞지 않은 배로, 모두들 코웃음 치며 고개를 내저었다.

출어하기 전 미끼로 사용할 생멸치를 잡는 건착망 어로마저 초보였다. 장비 미비로 많은 어려움을 겪었다. 사흘 만에 겨우 어창에 멸치를 채웠다. 부랴부랴 조업에 나섰다. 무진 애를 썼지만 하루에 10~20톤씩 조업실적을 올리는 일본 배들에 비해 한 달에 겨우 10톤가량 어획에 그쳐야 했다.

형편없는 조업 실적이었다. 특별한 대안도 없이 몇 개월이 후딱 지나갔다.

시원찮은 조업에 모두가 지칠 대로 지쳤다. 함께 승선했던 5명의 일본인 어로기술자들도 서로 의견이 갈렸다. 고심 끝에 새로운 방법을 제안했다. 어군에 배를 들이댈 때 진행각도를 45도로 급하게 꺾은 뒤 속도를 확 줄여보자는 것이었다. 그러나 일본인 어로장인 고지마가 반대를 하고 나섰다. 연이어 실패가 거듭되었다.

어군이 입질을 하지 않기 때문에, 한번 어군에 배를 접근하는 연습을 하자고 제안했더니 고지마 어로장도 더 이상 반대를 하지 못했다. 결국 내가 생각한 방법대로 시도해서 배를 어군이 있는 쪽으로 접근하며 방향타를 45도로 꺾으면서 멸치를 뿌렸다. 아니나 다를까, 내가 생각했던 대로 고기들이 부상하기 시작했다. 곧바로 미늘이 없는 가짜 미끼를 매단 낚싯줄을 던졌다가 위로 날쌔게 채어 올리는 작업을 반복했다. 불과 15분 만에 700kg 가까운 어획을 올렸다. 재차 배를 돌려 낚으니 또 어림잡아 300kg가량이 더 올라왔다. 금세 1톤 이상 조업실적을 올렸다.

'고기를 못 잡아도 좋으니 어로장 지시를 따르라'했던 회사 지침이 무색한 상황이 벌어졌다. 고지마 어로장도 당황한 표정이었다.

어로장이 다음 항차부터 선박조종 키를 나에게 맡겼다. 내가 키를 잡고 나서 8일 만에 100톤이나 되는 고기를 잡았다. 우리나라 채낚기 어업의 본궤도 진출에 한 획을 그은 일이었다.

테마항에 입항하자 모두가 놀란 표정들이었다. 한 달 동안 10톤도 잡지 못하던 한국 선장이 8일 만에 만선을 했다며 웅성거렸다. 본사와 일본에서 축전이 날아왔다. 주위에서 나를 두고 '챔피언 선장'이라 부르기 시작했다. 니치로 선단에서도 대학물 먹은 놈이 다르기는 다르다고들 웅성거렸다. 마루베니 아프리카 총지점장 와타나베가 가나 아크라로 나를 불렀다. 최고급 식당 팜비치에서 대접을 받았다.

웃지 못할 일도 많았다. 한참 속도가 붙어 신명 나는 조업 중일 때였다. 작업을 지도하기 위해 슬리퍼를 신고 갑판의 현에 내려서다 미끄러져 바다에 풍덩 빠지고 말았다. 선장이 물에 빠졌으니 선원들이 난리가 났다. 막상 물에 빠진 나는 엄청난 고기떼에 넋을 잃고 있었다. 마치 용궁에 있는 기분이었다. 나를 건지려는 선원들에게 물속에서 고개를 내밀고 "고기부터 먼저 낚아"라고 소리쳤다. 하여간 반쯤 미쳐 있던 선장 시절이었다.

가나, 사모아를 거쳐 팔라우에서
실패로 끝난 초장기 수산업

성공적으로 선장 데뷔 조업을 마치고 귀국한 지 2개월 후에 결혼식을 올렸다. 월남 파병 때 모아 놓은 급여와 배를 타서 번 돈으로 신혼살림을 차렸다. 일부는 아버지 명의로 땅까지 구입했다. 신혼의 단꿈에 빠져 있던 시절이었다.

1975년 3월, 내 선장 이력을 아는 모 업체와 연이 닿았다. 일본에서 200톤급 가다랑어 채낚기 배를 인수하기 위해 대윤수산이란 회사를 설립했다. 일본 이시노마키의 무라카미 조선소에서 중고선을 완전히 수리해 한국으로 들여왔다.

그해 7월, 선주 겸 선장으로 팔라우로 출항했다. 팔라우와 첫 인연을 맺는 여정이었다. 하지만 너무 서둘렀던지 출발부터 산 넘어 산이었다. 수매계약이나 조업지원 에이전트 등 어느 것 하나 확실하게 정리된 게 없는 맨땅에 헤딩하기 식이었다.

당시 미국에서 김형욱 전 중앙정보부장이 박정희 대통령을 비난하는 언론인터뷰로 세상이 떠들썩했다.

그 여파로 해외출국이 더욱 까다로워졌다. 현지 조업실태와 어장답사를 제대로 할 수 없었다. 팔라우 어장에는 40~60톤 목선이 적합했다. 우리 배는 어장환경에 비해 너무 컸다. 팔라우는 연안 수심이 얕았다. 큰 배로는 해변 산호초 속에서 미끼인 활어 멸치를 잡는 데 어려움이 많았던 것이다.

이런 어장 조건들을 몰랐으니 실패할 수밖에 없었다. 더군다나 조기 사업 확장을 염두에 두고, 선원들을 너무 많이 뽑은 것도 문제였다. 배를 늘릴 것을 대비해 선원들을 미리 훈련시킬 목적으로 적정인원의 두 배나 데려온 것이었다. 운항경비와 급여 등 배보다 배꼽이 더 큰 상황이 벌어졌다. 한마디로 아이도 낳지 않았는데 기저귀부터 장만한 꼴이었다. 당장 끼니 걱정을 해야 할 상황으로 내몰리고 있었다.

1976년 3월, 운영 경비를 조달하기 위해 일시 귀국했다. 하지만 조업을 계속할 자금 문제가 해결될 기미는 보이지 않았다. 어깨가 축 늘어져 다시 팔라우를 찾은 나를 본 선원들이 험악해졌다.

선원들이 나를 밧줄로 묶어 바다로 매달았다. 바닷물 속에 몇 번을 담갔다 올렸다 반복했다. 죽음의 공포보다는 자존심이 상했다. 월남 정글전에서 단련되었던 강심장이 아니었다면 혀를 깨물고 죽었을 것이다. 한마디로 무법천지였다.

가까스로 선원들을 달래고 수습해 배를 한국으로 회항시켰다. 하지만 한국으로 돌아온다고 끝날 문제가 아니었다. 선원들이 여기저기 민원을 제출했다. 경찰과 시청과 노동부에 진정서를 제출했다. 그 문제를 해결하기 위해 푼푼이 모아 둔 신혼 생활비마저도 한 방에 날려버렸다. 그 와중에도 팔라우의 멋들어진 풍광이 매일 떠올랐다. 팔라우와는 전생에서부터 질긴 연분이지 않았나 생각이 든다.

1976년 10월, 수산개발공사에 말단으로 입사했다. 대학 동기 정희문은 공사에서 이미 차장으로 근무하고 있을 때였다. 가족을 부양하기 위한 선택이었다. 아프리카 가나의 가다랑어 채낚기 사업을 기획했지만 성사되지 않았다.

1977년 4월, 사모아 주재원으로 발령이 났다.

60여 척 선박의 뒤치다꺼리로 눈코 뜰 새 없이 바쁜 시간을 보냈다. 크고 작은 해상사고가 발생했다. 남해 202호 조난으로 선원들의 시신도 선박도 찾지 못한 채 사모아 망향동산에서 장례식을 치르기도 했다. 생전 해보지 않은 회계와 경리 업무를 처리해야 했는데 후일 내 사업을 시작하는 데 큰 밑천이 되기도 했다.

1977년 9월 2일, 일요일이었다. 모처럼 짬을 냈다. 조금은 무리해서 구입한 미제 GM 승용차에 올랐다. 휴일도 없이 일에 묻혀 있던 피로를 풀고 바닷바람이나 쐴 작정이었다. 마침 입항한 남해 260호 주 선장이 동승했다. 서울에서 택시를 2년이나 몰아봤다는 그가 내 차를 꼭 한번 운전해 보고 싶다며 졸랐다. 평평한 도로를 지나 금세 가파른 산악길이 나타났다. 오른쪽은 천 길 낭떠러지였다. 산 정상에 올랐을 때 운전 실력을 자랑하는 주 선장에게 운전대를 맡겼다. 그런데 이게 웬일인가. 내리막 커브에서 당황했는지 브레이크를 밟아야 할 때 그만 액셀러레이터를 밟아버렸다. 50m 높이 해안도로에는 야자수와 크고 작은 바위들이 널려 있었다. 차는 낭떠러지에 서 있던 야자수를 사정없이 들이받았다. 야자수 덕분에 낭떠러지 추락을 면할 수 있었다. 야자수는 GM 차량의 긴 범퍼에 부딪히면서 톱으로 썬 것처럼 부러져 있었다. 야자수 등지에 앞 범퍼가 걸려 있었다. 앞 두 바퀴는 허공에 떠 있고, 뒷바퀴는 낭떠러지 도로 끝에 매달려 있었다. 가까스로 차에서 내려 한숨을 멍하니 쉬고 있을 때 사고 현장으로 사람들이 달려왔다. 모두들 불행 중 다행이라며 "굿럭, 굿럭! Good Luck, Good Luck!"을 외쳤다.

주재원으로 열심히 일하면서도 수산업을 다시 시작할 궁리를 하고 있었다. 월급 550달러를 착실하게 저축했다. 1978년 말, 미국 통조림회사인 인터내셔널 밴 캠프 시푸드사 International Van Camp Seafood Co.에서 스카우트 제의가 들어왔다. 사모아에서 현지 여인과 결혼해 밴 캠프 사모아 지사에 근무하고 있던 조순지 동문이 다리를 놔준 것이었다. 조순지 씨는 그 회사에서 월급을 나보다 두 배나 더 받고 있었는데, 나는 그보다 두 배를 받는 조건이어서 일반 한국 회사에 비하면 네 배 이상의 대우였다. 주저 없이 회사를 옮겼다. 아프리카 가나 지점으로 발령이 났다. 개척선장으로 땀을 흘렸던 가나 테마항에서 어획물 수매사업을 병행하는 선단관리자Fleet Manager의 임무가 맡겨졌다.

근무를 시작하자마자 세계 참치조업규제위원회가 황다랑어와 눈다랑어는 3.2kg 크기 이상만을 잡도록 하는 규제를 발표했다. 모든 조업선에 비상이 걸리고 통조림 원료공급에 치명적인 차질이 발생했다.

본사 크렘페 상무를 비롯해 수산부장 미첼 크리스, 운반선 선주 등 임원들이 가나로 달려왔다. 여러 날 머리를 맞대고 대책을 강구했지만 뾰족한 방법이 없었다. 모두들 선장 경험이 있는 나만 바라보는 상황이었다. 각자 시각의 차이가 있을 수 있다는 전제하에 현재 상황에 대한 내 의견을 조목조목 설명했다.

내가 제시한 아이디어는 어획물을 옮기는 과정을 줄이자는 것이었다. 기존에는 어선으로 잡은 고기를 먼저 항구의 냉동창고에 입고한 다음에 냉동창고의 고기를 수매회사의 운반선으로 옮기는 방식이었다.

나는 냉동창고 입고 절차를 줄이는 방식을 제안했다. 어선을 바다 위에서 운반선에 곧바로 대고 어획물을 옮겨 싣자는 것이었다. 그렇게 되면 항구 냉동창고에 입고시켰다가 다시 출고하는 과정에서 흑인들 손을 타는 일도 없어진다. 툭하면 발생하는 냉동창고의 정전사고로 인한 피해도 줄일 수 있었다. 바다 위에서 옮겨 실으면 고기 사이즈를 일일이 체크하지 않아 수매선과 수급선 양측 모두가 득이 될 것이라고 설명했다.

결국 내 제안대로 일이 진척되었다. 어선에서 운반선으로 고기를 직접 옮겨 실었다. 푸에르토리코 통조림 공장에서 하역해 보니 애초 어선 어획고가 고스란히 실려 있었다. 이전엔 하역량이 어획고보다 30%나 줄어든 상태가 다반사였다.

두둑한 포상이 나왔다. 6개월마다 2주씩 휴가를 받았다. 가족들과 함께 지낼 수 있는 여유가 생긴 것이다. 1980년 5월, 독일 프랑크푸르트 공항에서 가나 공화국 아크라에서 함께할 집사람과 세 살배기 아들 지훈을 만났다. 세계지도를 펼쳐놓고 유럽 방문 여정을 짰다.

먼저 프랑스 파리로 향했다. 루브르박물관과 루이 16세 왕궁을 관람하고 몽마르트르 언덕을 산책했다. 에펠탑에 올라 파리 시내를 전망하고, 센강의 유람선도 즐겼다. 와이너리에 들러 와인도 음미했다.

다음은 풍차의 나라 네덜란드였다. 중세에 북유럽 바다를 지배했던 바이킹과 같은 이름의 호텔에 묶었다. 육지가 바다보다 낮은 나라였다. 운하가 잘 갖추어져 있었다. 어마어마한 규모의 화훼시장에서 튤립과 장미 등 꽃들을 구경했다.

이어 이탈리아 로마로 갔다. 한국인 유학생의 안내로 원형경기장과 교황청 등을 구경했다. 레오나르도 다빈치의 〈최후의 만찬〉을 감상하고, 로마시대 환락가였던 폼페이 대지진의 잔재들도 둘러보았다.

세계 3대 미항 중 하나인 나폴리에도 들렀다. 기대했던 것과 달라 조금 실망했다. 굳이 부산항과 비교해본다면 배경은 부산 영주동이나 초량 뒷산과 비슷했다. 탁한 녹색으로 느릿 느릿 넘실거리는 바닷물결도 감흥을 일으키지 못했다.

카프리섬으로 발길을 돌렸다. 실망은 오래가지 않았다. 오른쪽 해변과 왼쪽 산언덕으로부터 차츰 맑고 아름다운 풍광들이 나타나기 시작했다. 선착장에서 통선에 올라 섬에 도착했다. 그곳은 깨끗한 청포도 빛 청정해역이었다. 섬을 관통하는 유람보트로 바꿔 타고 동굴 이쪽과 저쪽을 구경한 뒤에 산길을 따라 올랐다. 수풀이 울창했다. 공원처럼 조성된 산등성 터에 유명한 대문호의 조각상이 우뚝 서 있고 관광객들이 여기저기서 사진 촬영을 했다. 갖가지 상품을 진열한 기념품 가게들을 둘러보는 재미도 있었다.

다음 날 르네상스 시대의 역사가 살아 숨 쉰다는 피렌체로 향했다. 여성 관광 안내원은 언뜻 팔레스타인 여전사처럼 거칠게 보였지만 능숙한 언변과 안내로 손님들로부터 박수를 받았다. 웅장하고 고풍스러운 건물들이 도시를 채우고 있었다. 그리고 물의 도시라 불리는 베네치아에서는 가이드로부터 여간수와 죄수인 카사노바의 사랑에 얽힌 순애보의 전설을 들었다.

스위스 일정을 추가했다. 관광열차를 타고 알프스 정상 융

프라우에 올랐다. 굵은 눈발이 몰아쳤다. 시시각각 변하는 운무의 변화무쌍한 조화를 내려다보았다. 나폴레옹이 러시아 침공을 위해 눈보라와 비바람을 맞으며 알프스산맥 정상을 넘었다는 사실을 상기하며 감상에 젖었다.

휴가에서 돌아와서 다시 일에 매달렸다. 그러나 상황은 점점 나빠졌다. 결국 어로 규제로 인한 적자가 쌓여만 갔기 때문이다. 미국 본사는 가나 사업을 정리하기 시작했다. 나는 다시 밴 캠프 시푸드사 팔라우 지사로 발령이 났다.

다시 팔라우와 운명의 끈이 이어진 것이었다.

팔라우 지사에서는 가나에서와 비슷한 선박과 선원 관리 임무가 주어졌다. 거기에 더해 통조림 공장에 보내는 선어의 냉동실 저장 관리까지 맡아야 했다. 심기일전 활기차게 일을 했지만 곧바로 또 다른 시련이 찾아왔다. 예상치도 못했던 지독한 어획 부진이었다. 팔라우 가다랑어 어장은 6개월마다 풍어기와 흉어기로 구분된다. 대략 5월부터 10월까지가 풍어기이고, 11월부터 4월까지 흉어기이다. 그해 고기를 끌고 오는 흑조류가 다른 해역으로 방향을 바꾸어 버리면서 혹독한 어획 부진을 맞게 된 것이었다.

일본 오키나와 선박들은 조업을 포기하고 철수했다. 남아 있던 한국 배들도 전부 부두에 계류해서 휴업상태였다. 통조림 회사가 원료인 고기를 확보하지 못하는 상황이 벌어졌다. 본사 구조조정 팀이 다녀갔다. 공장 매입에 관심을 보이는 업자들이 자주 공장을 찾았다. 매각이 임박해지고 있다는 것을 느낄 수 있었다. 또 다른 위기가 다가오고 있었다.

결국 밴 캠프 시푸드사 팔라우 공장이 매각되었다. 앞이 캄캄했다. 복지 차원에서도 최상급 대우를 받고 있던 터라 아쉬움이 더했다. 팔라우에 온 지 2년 만의 일이었다.

한국으로 가버릴까, 억지로라도 팔라우에서 더 버텨볼까, 그야말로 갈팡질팡했다. 하나둘씩 선원들이 떠나기 시작했다. 남은 사람은 우리 식구와 배 관리를 맡은 한국인 직원 두 가족뿐이었다. 아내는 이참에 한국으로 가자고 했다. 나는 조금만 더 버텨보자며 고집을 피웠다. 애당초 팔라우가 나를 오게 했고, 수산업으로 많은 것을 잃은 곳도 팔라우라고 생각했다. 미련을 버리기가 쉽지 않았다. 수중에는 고작 2만 달러가 전부였다.

회사가 매각되면 근로자 신분도 함께 사라진다. 팔라우 체류 자격도 없어진다. 답답한 마음에 평소 친분이 남달랐던 한국인 2세 노블 킹을 찾아갔다. 킹은 태평양전쟁 시작 전, 일본의 이민정책으로 이곳에 오게 된 한국인 김승 씨와 팔라우 여인 사이에서 태어난 분이었다. 미국이 팔라우 군정을 시작할 때 외국인 체류 명단 작성 과정에서 김씨 성이 킹으로 바뀌어버렸다.

그에게 내 입장을 설명하고 체류 방안을 상의했다. 그가 일단 자신의 회사 킹스 엔터프라이즈에 총지배인으로 이름을 올려놓고 방안을 강구해 보자 했다.

1982년 10월경이었다. 당장은 쫓겨나지 않게 되어 한시름 놓았지만 앞으로의 일이 캄캄했다.

마음을 가다듬었다. 하늘이 무너져도 솟아날 구멍이 있다고 했다. 젊어서 고생은 사서 한다고 하지 않았던가. 실패도 밑천이라는 생각이 들었다. 더군다나 나에겐 아직 젊음이라는 든든한 밑천이 있지 않은가.

❶ 한파그룹의 골든 퍼시픽 벤처 사무실
❷ 통일기반조성상
❸ 한국—팔라우 경제사회문화스포츠 우호협회 비영리 법인 설립서
❹ 팔라우 최초로 외국인이 받은 도소매업 허가증

2장

탁월함에 이르는 열쇠

내 사전에 포기는 없다

무엇이든 차근차근,
한 걸음 한 걸음 씩

　나는 어떤 특출한 재능을 타고나지 않았다. 부모님이 나에게 주신 것은 성실함과 근면함 그리고 정직함이다. 크게 잘하는 것이 없었지만 무엇을 하든 한 걸음 한 걸음 포기하지 않고 차근차근 해나가는 성격이었다. 그런 내가 어떻게 이역만리 팔라우에서 한파그룹을 일군 사업가로 성공할 수 있었을까?

　어릴 적부터 나는 운동에 소질이 없었다. 친구들에게 항상 뒤졌다. 그러다 보니 점점 흥미를 잃었다. 대학 입학시험 실기에서도 50점 만점에 25점을 얻었을 뿐이다.

수산개발공사 사모아 주재원으로 있을 때였다. 8개월간 거의 매일 술을 마시다시피 했다. 조업을 마치고 입항한 선장들을 위로하는 자리를 만들어야 했기 때문이었다. 계속 이러다가는 건강을 해칠 것 같았다. 운동이라도 해야 한다는 생각을 했다.

마침 사무실에 테니스 라켓이 하나 있었다. 남해 208호 방옥동 선장이 사다 준 라켓이었다. 즉시 테니스를 시작했다. 뭐든 하나를 시작하면 푹 빠지는 성격이었다. 매일 테니스에 매달리다시피 했다. 발톱 사이에 화농균이 생겼지만 개의치 않고 계속했다. 결국 엄지발가락의 발톱을 뽑아야 하는 지경에 이르렀다. 여덟 달 동안 슬리퍼만 내내 끌고 다녀야 했다. 이제 테니스는 생각만 해도 정나미가 떨어졌다. 운동을 한동안 쉬었다.

그러다가 사업상의 대인관계를 위하여 골프를 배워야겠다는 생각이 들었다. 마침 임기를 마치고 귀국하는 다른 원양회사의 주재원으로부터 중고 골프채를 인수했다. 골프는 아무렇게나 배워지는 운동이 아니었다. 골프공에 줄이 달린 연습

공을 구입했다. 아침저녁으로 숙소의 뒤뜰에서 스윙 연습을 했다. 사모아에는 9홀짜리 퍼블릭 골프장 하나밖에 없었다. 골프 코치도 없고 드라이빙 연습장도 없었다. 한국에 있는 아내에게 골프책을 보내 달라고 했다. 골프책을 달달 외우다시피 했다. 책에 그려진 스윙 자세를 보면서 연습했다.

그러던 차에 수산개발공사 조웅내 소장이 귀국하고 신임 조명환 소장이 부임했다. 조 소장은 골프는 귀족운동이라며 골프장 출입을 금했다. 본사의 눈치를 본 것이었다.

그러나 한번 배우기로 결심한 골프를 그만둘 수 없었다. 새벽 4시쯤 일어나 골프장으로 달려갔다. 골프장은 차로 40여 분 거리에 있었다. 아무도 없는 필드에서 공을 날렸다. 드라이브 샷이 아침 이슬을 머금은 잔디 위에 굴렀다. 그 필드를 바라보며 처녀지를 누비는 개척자의 기분을 만끽했다.

어느 날 소장이 출장을 떠났다. 그 틈을 이용하여 지인들끼리 필드에 나갔다. 나로서는 골프 첫 라운드에 나선 것이었다. 이른바 머리를 올리는 날이었다.

첫 라운드에서 나는 5번 홀까지 연속 파를 기록했다. 6번 홀에서는 버디를 했다.

모두가 깜짝 놀랐다. 내가 골프를 위해 태어난 사람이라고 한마디씩 거들었다. 나 스스로도 믿을 수 없는 일이 벌어진 것이었다.

흥분을 하면 평정심을 잃게 마련이다. 7번 홀에서 티업부터 자세가 흐트러졌다. 7번 홀과 8번 홀 그리고 9번 홀까지 실수가 이어졌다. 스코어가 80을 넘겨 버렸다. 그러나 첫 라운드에서 거둔 기록이라고는 믿기 어려운 성적을 올린 것이었다.

미국 통조림회사 밴 캠프 시푸드사의 가나 지사에서도 일을 하면서 틈틈이 골프장을 찾았다. 가나공화국에도 골프를 하는 사람들이 별로 없었다. 골프장 소속 프로들만 한산하게 골프장을 관리하고 있었다. 그들과 라운드하면서 골프의 진수를 터득했다.

가나에는 루마니아 백인들이 많이 살았다. 그들이 내 골프 친구였다. 나는 루마니아인 협회에서 주관하는 프랑스 자동차 '르노컵' 골프 대회에서 준우승을 하기도 했다. 그들은 나에게 공식적으로 핸디 13을 부여했다.

한창 골프 맛을 알아 갈 즈음, 밴 캠프 시푸드사 본사에서 인사 발령이 났다. 가나 지사에서 팔라우 지사로 옮기라는 내용이었다. 팔라우에 와서도 사택의 일부에 스크린을 치고 드라이브 샷을 연습했다. 하지만 팔라우에는 골프장이 없어 제대로 골프 라운드의 재미를 느끼기 어려웠다.

사업을 하면서 다시 테니스 라켓을 잡았다. 마침 내가 경영하는 아리랑 식당 바로 옆에 테니스장이 있었다. 밤에는 식당 일을 거들면서 테니스장에 살다시피 했다. 어느 순간 나를 무시하던 팔라우 친구들의 입에서 실력이 엄청나게 늘었다는 소리를 듣게 되었다. 끝없는 연습 덕분이었다.

팔라우에서 테니스를 한다는 사람은 대부분 상당한 재력과 지위를 지닌 사회 지도층 인사들이다. 테니스는 팔라우의 정·재계 인사들과 친분을 쌓을 수 있는 창구였다. 당시 노드니 키무라라는 팔라우 하와이은행 지점장이 있었다. 하와이에서 태어나 하와이대학을 나온 일본계 미국인이었다. 키무라 지점장은 웬만한 사람들은 거들떠보지도 않을 정도로 오만했다.

어느 날 그와 테니스장에서 단둘이서 우연히 조우했다. 초등학교 때부터 테니스를 했다는 그와 한판 승부를 겨루게 되었다. 한일전을 치른다는 생각에 승부욕이 불끈 일었다. 테니스 경기는 보통 6세트가 기본이다. 내가 첫 세트부터 싹쓸이로 내리 이겼다. 너무 일방적이라 미안한 생각까지 들었다.

그의 얼굴이 벌겋게 달아올랐다. (나는 그의 상대가 되지 못했던 시절이었다.)

얼마 후 키무라 지점장은 괌으로 전근을 갔다. 그는 그날 큰 충격을 받았던 모양이었다. 괌에서 몇 달 동안 전문코치로부터 교습을 받았다는 소식이 들려왔다. 역시 지기 싫어하는 일본 사람들 근성과 기질에 섬뜩함까지 느낄 정도였다.

나는 누구 못지않게 매사에 열심히 노력하는 성격이다. 하지만 절대로 서두르지 않는다. 먼저 현재의 내 실력을 점검한다. 그러고는 차근차근 한 단계씩 밟아 나간다. 그 결과 나의 테니스 실력은 꾸준히 늘었다. 1986년과 1987년 두 해 연속으로 'MICHELOB BEER 연차 복식 테니스 토너먼트 대회'에서 준우승을 거둘 수 있었다.

어떤 운동이나 마찬가지겠지만, 테니스는 그냥 단순히 공을 치는 운동이 아니다. 마음을 조율하는 운동이다. 상대방의 공이 어느 쪽에서 날아올지 모른다. 내가 쳐낸 공의 방향도 한결같지 않다. 라켓에 가하는 힘 역시 마음대로 조절되지 않는다.

팔라우에서 나의 삶을 일구는 과정 역시 테니스를 배우는 과정과 비슷했다고 할 수 있다. 이를 악물고 사업을 키웠고, 한 발 한 발 현지인들 속으로 들어갔으며, 온갖 풍파에도 좌절하지 않고 다시 도전했다. 다양한 사업 파트너를 상대하면서 방향을 달리 정하고 힘의 크기를 조절했다. 그건 바로 '안 되면 될 때까지'라는 해병대 정신이기도 했다. 한번 해병은 영원한 해병이다.

무늬만 총지배인, 식당이라도 해야 하나?

팔라우에서 만난 사람 중에 재일동포 권부식 회장이라는 분이 있었다. 그는 일제 강점기 수원에서 부농의 아들로 태어났다. 그의 과거를 그 이상 아는 사람은 없었다. 권 회장은 팔라우에서 모래를 채취해 콘크리트를 생산하는 사업을 추진하고 있었다. 나중엔 호텔도 짓겠다는 구상까지 비치기도 했다. 그는 곁에 항상 일본인 수행원 두 사람을 거느리고 다녔다. 재일교포들이 일본에서 홀대당하던 시절, 일본인을 두 사람이나 데리고 다녔으니 대단한 사업가처럼 보였다.

팔라우 체류를 위해 킹스 엔터프라이즈의 총지배인이라는

명의만 걸친 내 처지가 처량했다. 미국회사에 근무할 때는 그가 나를 찾았는데 사정이 사정이라 넋을 놓고 있을 수만은 없어 권 회장을 찾아갔다. 별 볼 일 없어진 나를 대하는 권 회장의 태도가 조금은 달랐다. 그는 과시하듯 자신의 사업에 대해 많은 이야기를 했다. 전망이 좋은 위치에 호텔들을 지을 계획이라고 말했다. 클럽과 식당은 회전무대식으로 설치해 특별하게 만들겠다며 자랑했다.

이야기를 나누던 중 그가 불쑥 팔라우에 한국식당을 해보는 것도 괜찮지 않겠느냐고 말했다. 지푸라기라도 잡는 심정으로 식당이라도 해야 하나? 그렇다면 절차는? 자금은? 여태껏 경험하지 못한 새로운 불안에 밤잠을 설쳤다.

손에 쥔 2만 불로 미래를 설계하려니 쉬운 답이 나올 리 만무했다.

아내 음식 솜씨에 외국인 손님들이 '원더풀'을 외치며 칭찬하던 장면이 떠올랐다. 가나에서 살 때 우리 부부는 출장 나온 미국 본사 중역들과 운반선 선주들을 초청해 음식을 대접하고는 했었다.

조심스럽게 아내에게 식당 이야기를 꺼냈다. 팔라우에는 한국음식점이 없으니 한번 시도해 보는 것도 괜찮지 않을까?

라며 눈치를 살폈다. 아내가 조금 마음이 동하는 눈치였다.

　일단 장소라도 물색해 보기로 했다. 며칠을 돌아다녔으나 적당한 장소가 선뜻 나타나지 않았다. 그러던 어느 날, 권 회장이 다시 보자고 했다. 그를 만난 곳은 팔라우 최고의 기업인 PDC 소유의 건물이었다. 건물의 소유주는 로만 머툴이라는 유명한 정치인이면서 팔라우 최고의 기업가였다. 머툴은 마이크로네시아 국회의원을 지내기도 한 사람이었다. 팔라우에서는 대단한 영향력을 지니고 있었다. 1974년 내가 팔라우에서 수산업을 시작할 때 서울을 방문하여 다리를 놔준 사람도 머툴이었다.

　PDC 1층 건물에는 팔라우 상원의원 코시바가 운영하는 식당이 있었고 도로 건너편에는 국회 의사당이 있었다. 다른 쪽으로는 바다 풍광이 펼쳐지고 반대 쪽으로는 대학 건물이 자리하고 있는 요지였다. 슬래브 지붕을 개조해 2층 건물로 만들면 식당 자리로 좋을 듯했다. 다음 날 아내를 데리고 건물을 살펴보았다. 2층 넓이를 대충 가늠해 보니 테이블 10개 정도는 놓을 수 있을 것 같았다.

팔라우에서 아리랑식당을 열다

우여곡절 끝에 식당을 열기로 결정했다. 권 회장과 머틀에게 PDC 건물 2층 공간을 증축해 식당을 만들면 어떻겠냐 물었다. 두 사람 모두 흔쾌히 좋은 생각이라고 맞장구를 쳐 주었다.

PDC 건물의 증축 공사가 시작됐다. 한 달 만에 지붕이 완성됐다. 실내 인테리어 작업에 들어갔다. 팔라우에서 제일 멋지고 훌륭한 식당을 만들고 싶었다. 밤낮으로 식당 개업 준비에 매달렸다.

6개월 만인 8월 15일 작업이 끝이 났다. 마침 광복절과 겹치는 그날이 잊히지 않는다. 팔라우에서 호텔 레스토랑을 빼고는 최고의 식당이 탄생했다. 내부가 얼마나 깔끔했던지 식당을 찾은 사람들이 신발을 벗고 들어오는 진풍경이 연출되기도 했다.

식당은 집과는 꽤 먼 외곽에 자리 잡고 있었다. 출퇴근에 시간이 많이 걸릴 것 같았다. 교통이 편리한 시내 쪽으로 셋집을 옮겼다. 식당 이름을 '아리랑'으로 정했다. 불고기판을 한국에서 공수해 왔다. 한국에서 한식 전문 요리사인 정종백 씨를 모셔왔다.

1983년 8월 16일, 드디어 아리랑식당이 문을 열었다. 아리랑식당은 노블 킹의 명의로 열었다. 나는 외국인 신분이어서 사업자 자격이 없었기 때문이다. 저녁이 되니 팔라우에서 행세깨나 한다는 인물들이 개업식에 참석했다. 정부 고위 공무원과 국회의원, 주지사, 추장들이 대거 몰려왔다.

나의 반쪽, 여장부

아내 공영애는 천주교 계통 데레사여고와 부산여대 육아과를 졸업했다. 1974년 결혼을 하고, 1979년 내가 주재원으로 있던 아프리카 가나로 올 때까지 유치원 교사로 근무했다. 이곳 팔라우에 안착해 지금까지 평생을 일심동체로 나와 함께 힘든 시간을 보냈다. 든든한 동반자였고 사업파트너였다. 무엇보다 나를 믿고 따라준 분신이었다.

개업하고는 6개월 동안 손님이 별로 없었다. 하지만 단 한 사람의 고객을 위해서라도 빈틈없는 준비를 했다. 밤 12시까지 문을 열고 손님을 기다렸다.

그러던 중 팔라우에 큰 호텔을 세우는 공사가 시작됐다. 지금 팔라우에서 가장 풍광이 좋은 해변에 들어서 있는 퍼시픽 리조트 호텔을 짓는 공사였다. 공사가 시작되면서 일본과 필리핀에서 기술자와 인부들이 몰려왔다. 불고기를 좋아하는 일본인 기술자들이 우리 식당을 찾기 시작했다.

식당이 자연히 활기를 띠기 시작했다. 아내는 한국인 주방장과 필리핀 종업원들을 지휘하느라 눈코 뜰 새 없이 바빴다.

아리랑식당을 개업하고 거의 20년이 지난 후의 일이다. 국회의사당 인근에 고급 현지인 식당이 들어섰다. 음식 솜씨가 미흡했던지 손님들이 찾지 않았다. 곧바로 문을 닫아야 할 지경이었다. 주변에 의사당은 물론 경찰서와 우체국 등 관공서가 즐비했지만 영업이 잘되지 않았다.

건물 주인이 찾아와 식당 인수를 권했다. 마침 팔라우에 아시아나와 대한항공 운항으로 하늘길이 열린다는 소식이 들려왔다. 팔라우 사회가 들썩거렸다. 그런 분위기에 덥석 계약을 한 뒤 '한국관'이라는 대형 식당을 열었다.

하지만 이번엔 운이 따르지 않았다. 얼마 후 괌에서 발생한 KAL기 추락 사고로 관광객의 발길이 뚝 하고 끊어져 버렸기 때문이다. 어쩔 수 없이 시설이 더 나은 한국관을 택하고 아리랑은 접기로 했다.

다행히 큰 공사가 하나 또 시작됐다. 1999년 말경 대우건설이 팔라우의 각 주를 연결하는 도로공사를 낙찰받았던 것이다. 마이크로네시아 섬나라에서는 규모가 제일 큰 공사였다. 다시 바빠지기 시작했다.

그동안 한파그룹의 운영으로 벌어들인 돈으로 목 좋은 곳에 약 300평, 1,000평, 그리고 700평의 대지를 임차했다. 그중 700평 자리에 1996년에는 지하 1층과 지상 2층 건물을 먼저 건축하여 한국과 팔라우의 이름 첫 자를 딴 '한파빌딩'이라고 이름을 붙였다. 한파빌딩을 발판으로 사업을 확장했다. 지하 1층은 창고로, 1층은 중고차 판매장의 사무실과 건자재 창고로 사용했다. 2층은 회사 사무실로 사용했다. 2000년 들어 지하층은 냉동과 냉장창고로 개조하여 1층에는 한국 식자재와 미국산 냉동물과 잡화를 취급하는 한파마트를 열었다. 식당을 운영하면서 아내가 매니저를 겸했다. 나는 건설과 석자재, 건자재를 운영했다.

사업의 확장은 아내의 도움이 없었다면 불가능했을 것이다. 아내는 사업뿐 만 아니라 팔라우 한인교회에서도 헌신하고 있다. 한인회 한글학교에서 아이들을 가르치기도 했다. 나는 주저 없이 그녀를 여장부라 부른다.

식품창고가 마트로,
거기다 농장까지!

팔라우에서는 채소를 비롯한 농작물이 귀하다. 팔라우 사람들은 따로토란의 일종와 타피오카돼지감자의 일종를 주식으로 사용한다. 이곳에서 따로는 쌀이며, 타피오카가 보리인 셈이다.

팔라우에서 일본의 국제선진산업정신문화기구OISCA라는 비영리단체가 농업기술을 전수하고 있었다. 시장에서 채소를 구하기 힘들어 견학차 OISCA 영농단지를 찾아갔다. 그곳에서는 일본과 한국의 여름 채소들을 시험 재배하고 있었다. 닭이나 돼지 같은 가축도 키우고 있었다. 이곳에서 재배한 채소와 열매 등은 큰 양은 아니지만 일주일 간격으로 시장에 나왔다. 그곳을 둘러보다 슬그머니 농사에 욕심이 생겼다.

나는 농촌에서 자랐고 농고에서 공부를 했다. 제법 농사일을 접했다고 할 수 있었다. 농사도 허가를 받아야 했다. 고심 끝에 노블 킹을 만나 의논을 했다. 킹은 할 수 있는 것은 다 해

보라며 용기를 북돋아 주었다.

당장 장소부터 물색했다. 아이라이주 공항 뒤편에 있는 한 농장을 찾아갔다. 의사인 야노가 다른 몇 사람과 함께 운영하는 주말농장이었다. 야노의 어머니가 그곳에서 배추와 무와 파 같은 채소를 재배하여 코로로 시내의 자기 마트에 팔았다. 야자나무와 베틀나무, 바나나, 파파야 등도 심겨 있었다. 그 방문이 있은 후 자주 주말에 교민들과 함께 농장에 놀러 가기도 했다.

당시 아이라이 주지사였던 머틀의 힘을 빌리기로 했다. 머틀이 자신의 조카를 소개해 주었다. 조카는 재판관 싱잇지 이케사케라는 사람이었다. 야노의 농장과 붙어 있는 이케사케 재판관의 땅 3만 평을 월 200달러에 빌렸다. 이번에도 노블 킹의 명의를 사용했다.

그곳 한편에 원두막을 지었다. 처음에는 주말에만 들렀다. 그리고는 각종 농기구를 한국에서 들여왔다. 농사일을 도울 사람이 필요했다. 고민 끝에 고향의 아버지께 연락드렸다. 대뜸 역정을 내셨다. 농사짓기 싫어 수산대학교에 가지 않았느냐, 이제 와서는 외국에서 농부가 되겠다니 무슨 말인지 도저히 이해가 안 된다는 말씀이었다.

궁리 끝에 고모부를 불러들였다. 고모부는 한국과 팔라우의 채소 가격 차이로 승산이 있겠다고 말씀하셨다. 선뜻 팔라우로 오겠다 하셨다. 고모부는 나보다 채 10살도 많지 않았다.

고모부가 원예와 가축사육 등에 관련된 책을 들고 팔라우로 왔다. 고모부와 함께 여러 농법을 연구했다. 먼저 돼지를 기르기로 했다. 돼지를 팔아 수입도 남기고 퇴비까지 생산할 수 있을 거라는 계산을 한 것이다.

마침 한국인 건설 인부 6명이 팔라우에 와 있었다. 팔라우에 건축 일이 많다는 말에 사기를 당해 온 사람들이었다. 특히 이곳이 미국령이라는 소리를 듣고 혹한 이들이었다. 숙소에서 빈둥거리던 그들에게 일을 맡겼다. 일주일 만에 농막과 양돈장이 뚝딱 만들어졌다.

팔라우는 비가 자주 내리는 편이다. 워낙 청정지역이라 빗물을 마실 수 있다. 함석지붕에 연결한 물탱크로 빗물을 모아 식수와 작업용수로 사용했다. 전기는 도로변까지는 연결이 되어 있었으나 끌어오는 시설이 필요해 당분간 호롱불을 사용했다.

이제 돼지를 구하려고 이집 저집 수소문했다. 기르는 사람이 많지 않았다. 수소문 끝에 새끼돼지를 키우는 집을 겨우 찾아냈다. 외국인이 돼지를 사겠다 하니 의아해했다. 취미 삼아 길러보려 한다고 했다. 다른 사람들보다 금액을 조금 더 지불하고 암수 새끼돼지 두 마리를 샀다.

새끼돼지가 밥을 달라며 꿀꿀거렸다. 밴 캠프 시푸드사에 근무할 때 집사람을 위해 장만한 새 닛산 승용차로 식당에서 나오는 음식 찌꺼기를 모아 날랐다. 뜨거운 열대지방에서 음식 찌꺼기 냄새는 실로 고약했다. 아내의 불평이 대단했다. 농장 옆 산등성이에 있는 PMA고등학교에서 닭을 기르고 있었다. 이 학교에서 닭똥을 구입해 한동안 거름으로 사용하기도 했다.

생각보다 빠르게 농사일이 자리를 잡아갔다. 일손이 달렸다. 한국에서 고종사촌 동생까지 불러들였다. 배추와 오이, 고추, 가지, 참외, 수박 등을 출하하는 기쁨을 맛보기 시작했다. 열대지역에서는 채소들이 쑥쑥 자란다. 긴 일조시간과 하루에 한두 번씩 내리는 스콜 덕분이다. 우후죽순처럼 채소 자라는 모습을 바라보고 있으면 시간 가는 줄도 몰랐다.

돼지새끼들은 식당에 남은 고기와 채소를 갖다주면 허겁지겁 잘도 먹었다. 하루가 다르게 토실토실 살이 올랐다. 일요일 점심시간에는 식당 문을 닫고 아내와 아들이랑 농장을 찾았다. 가족과 함께 농막에서 풋고추에 된장으로 식사를 할 때는 온 세상을 다 얻은 기분이었다. 고모부와 이종사촌과 함께 나무 그늘 밑에서 시원한 맥주 한 캔씩을 마시며 고향 이야기를 나누기도 했다.

현재 정부의 양돈과 양계의 육성 정책으로 팔라우에서 생산하는 양돈과 양계는 수입육보다 가격을 비싸게 책정하고 있다. 앞으로 축산에도 힘쓰며 현지인 희망자들에게 영농기술을 전파할 계획이다. 지난 2016년에는 2만 5,000평 정도 부지를 더 임대했다. 노니와 아보카도 등 열대 약용식물을 재배하기 위해서였다.

돈이 되는 '부존자원'
어묵까지 생산하다

나는 항상 팔라우의 부존자원을 어떻게 이용할 것인가를

고민한다. 한 나라에 뿌리를 내리고 정착하기 위해서는 그 나라의 부존자원을 무시해서는 안 된다. 간혹 그런 것들의 활용이 사업의 성패를 좌우하기도 하기 때문이다.

지금이야 생선은 잡아오기가 무섭게 팔리지만, 과거에는 아무리 생선을 많이 잡아도 살 사람이 없었다. 웬만큼 작은 생선은 그냥 내다 버렸다. 생선을 왜 버릴까? 아깝다는 생각이 들었다. 불쑥 어묵을 만들면 어떨까 하는 생각이 들었다.

사실 어묵을 생각하게 된 동기는 아내의 고등학교 동창인 김칠옥 씨 부친의 영향이 컸다. 그는 당시 부산 수영에서 어묵 공장을 하고 있었다. 집사람과 의논했다. 당장 어묵을 생산하기로 하고 장소 물색에 나섰다.

마침 부두에서 가까운 곳에 어묵을 만들 만한 장소가 눈에 들어왔다. 팔라우 대통령과 상의의장까지 지낸 기라티켈 에피손의 건물이었다. 가난한 가정에서 태어나 일제 강점기에 초등학교를 졸업한 그는 팔라우 사람들로부터 존경받는 인물이었다. 초창기에 사탕을 파는 작은 구멍가게로 시작해 지금은 큰 기업을 일군 입지전적인 인물이었다. 그는 지금 호텔과 마트, 해상 다이버, 관광, 부동산, 건설 등 팔라우의 대부분 사업을 장악하고 있다. 팔라우 같이 작은 나라에서 재계의 손꼽히는 자로 군림하고 있는 그와의 만남은 나에게 큰 행운이었다. 그는 일본을 자주 방문하면서 하루하루가 다르게 변화하는 일본의 발전상을 눈여겨본 사람이다. 그래서 목 좋고 경관이 뛰어난 장소를 헐값으로 많이 확보했다. 나도 그의 수완을 본받기도 했다.

에피손과 건물 한구석을 빌리는 계약을 했다. 계약과 동시에 부산으로 연락을 했다. 아내 친구 김칠옥 씨가 자기 동생인 김영덕 씨를 소개해 주었다. 막 결혼을 했던 그도 뭔가 독립해 성공하고 싶은 마음을 먹고 있던 터였다. 마침 부친이 운영하는 어묵공장의 기계들을 자동설비로 바꾸면서 수동기계들을 처분해야 한다고 했다. 즉시 수동어묵기계를 컨테이너에 선적하라고 했다. 김영덕 씨의 노동비자 수속도 서둘렀다. 매번 그랬지만 부족한 자금에 불도저 같은 고집으로 또 사고부터 친 꼴이었다.

금방 생산한 따끈한 어묵을 저녁식사 전에 집집마다 방문하면서 시식을 겸한 판매에 나섰다. 팔라우 사람들의 입맛에 맞았던 모양이었다. 많은 이들이 엄지를 치켜세웠다. 그런대로 투자 대비 이익이 괜찮았다.

아리랑식당과 농장에 이어 어묵공장까지 사업체가 하나 더 늘어났다. 수산업 실패로 한풀 꺾여 재기의 기회만을 엿보며 각오를 다질 때였다. 비록 큰돈이 벌리는 것은 아니었지만, 재도약의 싹이 조금씩 뿌리를 내리고 있는 듯했다.

2만 달러로 태동한 한파그룹

식당을 운영한 지도 2년 가까이 돼 가고 있었다. 식당은 아내에게 가장 많은 짐을 지우는 일이었다. 한국에서 편하게만 지내던 아내 꼴이 말이 아니었다. 잡다한 온갖 일들에 시달리다 보니 몸이 망가지고 있었다. 한국에 가서 건강검진도 받고 좀 쉬었다 오라고 아내의 등을 떠밀었다.

집사람이 없는 동안 집을 수리하기로 했다. 막상 집 안 보수를 하려고 하니 손볼 곳이 한두 곳이 아니었다. 혼자서 하기엔 벅찬 일이었다. 당시 취업 사기를 당해 팔라우에 와 있던 강우규라는 건설노동자를 불렀다. 벽에 페인트칠을 하고 가구를 들어내고 구석구석 청소를 했다.

아내가 한국에 가고 없으니 식당 일도 챙겨야 했다. 잠시 강우규 씨에게 공사를 맡겨 놓고는 식당 일을 보았다. 다시 집으로 돌아와 보니 강씨가 아내 경대를 들어내놓고 한창 페인트칠 중이었다. 강씨가 덤덤하게 말했다.

"경대 서랍 안에 보자기에 싸인 뭉치가 있네요. 언뜻 보니 돈인 것 같은데요."

나도 모르는 돈이 있을까? 의아해하며 뜯어보니 100달러짜리 200장이 가지런히 들어있었다. 아내가 그동안 살림을 아껴 모은 돈인데 한국에 가면서 미처 나에게 이야기를 못 한 것이었다. 그때 강씨가 검은 마음을 먹었더라면 어찌 되었을까. 아마 그런 일이 벌어졌으면 오늘날 한파그룹은 없었을 것이었다. 나는 돈을 손에 들고 속으로 다짐했다.

"이 돈은 그냥 2만 달러가 아니다. 내가 도전하는 꿈의 씨앗이 될 것이다."

아내가 보름 만에 한국에서 돌아왔다. 식당에 필요한 물건들을 컨테이너에 가득 싣고 돌아왔다. 아내에게 돈봉투 이야기를 들려주었다. 2만 달러를 밑천삼아 합법적으로 사업을 하는 방안을 찾기로 했다.

현지인의 명의를 빌어 사업을 하는 이른바 '팔라언 프런트 비즈니스'이다. 그때 나는 한국계 현지인 노블 킹의 명의로 사업을 하고 있었다. 마음이 늘 불안했다. 아내와 나는 2만 달러를 이용해 팔라우 법에 따른 투자 방안을 찾기로 했다.

하지만 2만 달러는 합법적인 사업을 벌이기엔 턱없이 적은 돈이었다. 팔라우 투자법에 따르면 외국인이 사업을 하려면 50만 달러 이상이 돼야 한다. 그래야 FIB외국인투자심의위원회의 허가를 받을 수 있었다.

변호사를 살 수 있는 형편이 아니었다. 서류작업을 맡기는 데만 5,000달러 이상 들었기 때문이었다. 어렵사리 FIB 심의 위원 중 한 분을 만나 상의를 했다.

일단 2만 달러로 회사를 설립하고, 운영에 필요한 설비 등의 명목으로 50만 달러를 맞춰보라는 답이 돌아왔다.

노블 킹의 친구인 변호사 다다키의 도움으로 회사정관과 운영규칙, 주주명부 등 서류를 작성해 검찰청에 제출했다. 팔라우에서 회사설립 문제는 검찰청 소관이었다. 먼저 검찰청을 통해 회사설립을 허가받은 뒤 FIB를 통해 외국인 투자를 신청해야 하는 절차였다.

하지만 서류를 낼 때마다 번번이 퇴짜를 맞았다. 서류가 미비됐다는 것이었다. 다시 빠진 서류를 갖춰 검찰청을 찾았을 때였다. 마침 알고 지내던 검사 한 분을 만났다. 테니스 동우회 활동을 하던 일본인 2세 덴고꿀 유키오 검사였다. 그에게 전후 사정을 조목조목 이야기했다. 사정을 들은 그는 이것저것 미흡한 부분들을 꼼꼼히 지적해 줬다. 우여곡절 끝에 회사 설립에 관한 서류를 제대로 정리할 수 있었다. 유키오는 지금 우리 회사 변호사로 일하고 있다.

마침내 회사설립 허가를 받았다. 4개월 동안 매달려 얻어낸 결실이었다. 주식은 내가 60%, 아내 30%, 노블 킹 5%, 노블 킹의 부인 5%로 배당했다. 노블 킹 부부에게 준 주식 10%는 공짜였다. 그동안 도와준 은혜에 대한 보답이었다.

이제 투자 승인을 받을 차례였다. 첫 사업 품목으로 현재 운영하는 식당과 농업을 신청했다. FIB 위원은 총 다섯 명이었다. 그중 한 사람은 가끔 테니스도 치고, 술자리도 함께했던 사람이었다. 다른 위원들도 밴 캠프 시푸드사 시절부터 면식이 있어 쉽게 허가를 받을 수 있을 것 같았다.

위원 중 다츠오 가미약은 아리랑식당과 같은 건물의 벽을 사이에 두고 있는 로만 머틀회사 PDC의 경리담당 책임자이면서 농사도 짓고 있었다. 일본이나 한국 사람이라 해도 무색할 정도로 동양적인 모습에 인자한 성품을 가진 신사였다. 하지만 사업적인 관계에서는 현저하게 달랐다.

1984년 12월 30일 식당 허가만 승인이 났다. 농사를 짓는 다츠오 때문에 농장은 허가가 나지 않았을 것이라는 소문이 돌았다. 다츠오가 경쟁자를 만드는 것을 불편하게 생각했을 것이라는 추측이었다. 반쪽의 성과였지만 새로운 출발이었다. 1985년 대망의 새해가 떠오르고 있었다.

한국인 하순섭 이름으로
사업허가를 얻다

농장 일은 순탄치 않았다. 처음 들여온 돼지 두 마리가 무럭무럭 자라서 새끼를 30마리로 늘려갔지만, 다른 한편으로는 팔라우 노동국장의 눈 밖에 나고 말았다. 노동국장도 돼지를 한두 마리 키우고 있었다. 그런 입장에서 우리 농장이 잘되는 모습을 보면서 심기가 불편했던 것이다.

그는 우리가 팔라우 현지인 명의를 빌려 식당과 농장을 한다는 사실을 트집 잡았다. 그는 나와 아내의 노동 허가를 순차적으로 취소해 버렸다. 투자 허가까지 중지시켜야 한다는 서신을 투자위원회에 보냈다. 나중에 알게 되었지만, 누군가 아리랑 식당을 노린 술수였다. 노동국장을 부추겨 나를 추방하고 식당운영권을 넘겨받으려는 계략이 숨어 있었다.

노블 킹 부부는 소유하고 있던 주식을 반납했다. 노동국장이 킹 부부에게 압력을 넣은 결과였다. 킹은 노동국장 때문에 필리핀 노동자 수급에 지장을 받고 있어 어쩔 수 없다고 말했다.

하늘이 무너져 내리는 기분이었다. 부두에서 일을 보고 오는 길에 현지인들이 자주 드나드는 동굴 바를 찾았다. 해저 화산 폭발로 형성된 동굴에 차린 술집이었다. 나 홀로 맥주 한잔을 기울였다. 우연히 옆자리에 법무부장관이 술을 마시고 있었다. 그가 무슨 일로 노동 허가도 취소되고 투자 허가까지 위태로운 지경에 빠졌느냐고 물었다. 이미 나와 노동국장과의 갈등이 파다하게 소문이 나 있었던 것이었다.

자초지종을 들려줬다. 그는 노동국장이 지난번에도 일본 사업자 한 명을 추방했다면서 자기 사무실로 한번 오라고 했다. 다급한 마음에 다음 날 바로 그를 방문했다. 장관은 나를 추방하지 못하도록 공문으로 조치하겠다고 말했다. 노동국은 법무부 산하에 있었다. 크게 안심하고 집으로 돌아왔다.

그러나 노동국장은 막무가내였다. 직속상관인 법무부장관의 지시에도 끝까지 고집을 부렸다. 그는 직속상관을 뛰어넘어 대통령에게까지 보고서를 올렸다.

변호사 겸 상원의장인 칼렙 우두이와, 팔라우 상의의장인 기라티켈 에피손 등을 찾아다니며 도움을 청했다. 그들의 의견이 힘 있는 자를 주주로 대체하는 게 좋겠다고 해서 코로르주 세 번째 추장이며 영향력을 지닌 네이몬드 아기오 경찰서장의 조력도 받았다.

네이몬드 아기오 서장과 함께 하루오 레멜리크 대통령을 만났다. 레멜리크 대통령은 아주 서민적인 사람이었다. 슬리퍼를 신고 일반국민들과 다름없는 차림으로 마트에 물건을 사러 가는 모습을 종종 볼 수 있었다. 대통령에게 사정을 설명했다. 하지만 대통령의 태도는 미온적이었다. 정치적으로 말려들까 꺼리는 눈치였다.

그러던 중 일대 사건이 일어났다. 레멜리크 대통령이 괴한으로부터 저격당해 서거한 것이었다. 나라 전체가 혼란에 빠졌다. 당분간 오이토롱 부통령이 대통령 업무를 대행하게 되었다. 오이토롱 부통령은 영어교사 출신이었다.

신임 대통령을 뽑는 선거가 치러졌다. 오이토롱 부통령과 미국대사 출신인 살리가 맞붙었다. 접전 끝에 살리가 대통령에 당선됐다. 오이토롱 부통령은 이제 대통령 직무대행의 자리에서 물러나야 했다. 자리를 비우기에 앞서 그를 다시 찾아갔다. 마지막이라 여기고 그에게 다시 한번 투자 허가 건을 해결해 달라고 부탁했다. 그러나 낙선한 마당에 그런 부탁을 흔쾌히 들어줄 리 만무했다.

그러나 놀라운 반전이 일어났다. 1985년 10월 5일, 금요일로 기억한다. 오전 11시경, 아직 대통령 직무대행으로 있던 오이토롱 부통령이 찾는다는 연락이 왔다. 집무실로 달려가니 그는 벌써 짐을 꾸리고 있었다.

오이토롱 부통령이 전화기를 들었다. 미국인 검찰총장 러셀과 한동안 통화를 했다. 통화를 끝낸 부통령이 투자 허가 승인서에 서명을 했다. 장장 10개월 5일이나 걸린 우여곡절 끝에 마침내 한파산업개발이 탄생하는 순간이었다. 몇 번씩이나 허리 굽혀 인사를 했다. 오이토롱 부통령은 나의 인사를 받으면서 집무실을 떠났다. 만약 오이토롱 부통령의 퇴임 전 그 짧은 만남이 없었더라면 나와 한파그룹의 운명은 어떻게 되었을까? 그 순간을 떠올릴 때마다 아찔한 생각이 들고는 한다.

1985년 10월 둘째 주, 사업허가 서류를 들고 국세청에 들렀다. 국세청 직원들이 깜짝 놀랐다. 대놓고 말은 안 했지만 언제 쫓겨날까, 날짜가 얼마나 남았을까라고만 알고 있었는데 버젓이 사업허가서를 들고 나타났기 때문이었다.

1986년 1월 1일, 이날은 나와 아내에게는 두고두고 잊히지 않는 특별한 날이다. 팔라우 현지인이 아닌 한국인 하순섭 이름으로 사업허가를 얻은 역사적인 날이었다. 식당을 시작한 지 2년이 조금 지난 시점이었다.

몇 달 후 유통업 도소매와 건축자재, 자동차, 기타 판매 허가까지 취득했다. 1988년에는 한파 종합건설 면허를 취득했다. 건축설계와 중장비대여, 콘크리트제조, 중장비수리, 산호채취, 골재생산, 석산개발, 자동차정비공장 등의 분야로 한 발 한 발 사업영역을 넓혀 나갔다.

팔라우는 '신들의 정원'이라고 불릴 정도로 아름다운 섬이다. 앞으로 관광사업의 전망이 좋을 것이라는 판단을 했다. 팔라우 관광 붐을 대비한 리조트 부동산회사가 필요할 거라는 생각을 했다. 1992년, 골든 퍼시픽 벤처Golden Pacific Venture를 설립했다. 아파트와 호텔, 콘도, 상가를 망라한 부동산 매매 허가를 취득하기 위함이었다. 교통과 경관이 좋은 땅들을 확보했다.

팔라우 역사상 외국인 최초로
도소매업 허가를 받다

투자위원회에 도소매 허가를 신청했을 때의 일이다. 허가 여부는 7명 위원들이 결정한다. 위원들마다 성향이 다르기 때문에 조심스레 접근해야 했다. 먼저 찬성하는 위원과 반대하는 위원들을 사전에 분류했다. 성향별로 대응하며 기회를 포착하기 위해서였다.

사실 투자신청을 할 때 한 명의 위원이라도 반대하게 되면 허가를 얻기 힘들었다. 작은 나라에서 위원들 간 인과관계 때문에 한 사람이라도 반대하면 다른 위원들이 찬성하기가 힘든 분위기였다.

투자위원회 통과를 하려면 7명 중 4명의 찬성표를 얻어야
했다. 반대 의사를 비치고 있는 위원이 출장 가는 틈을 포착했
다. 나에게 호의적인 위원들을 설득해 회의를 소집하도록 부
탁했다. 회의에 참석한 위원들이 나의 도소매 허가 건에 찬성
표를 던진 것은 물론이다.

지금은 투자위원회 의장이 허가에 서명을 한다. 그러나 그
때는 위원회에서 결정을 하고, 대통령이 승인하는 체제였다.
힘들게 투자위원회의 허가를 받았지만, 대통령의 최종 재가
가 남아 있었다. 어떻게 알았는지 국회가 대통령에게 한파그
룹의 도소매 허가를 정지해달라는 유예 신청을 냈다. 도소매
는 내국인만 허가해야 한다는 이유에서였다.

대통령이 나를 불러 국회 쪽의 주장을 설명해 주었다. 무엇
보다 도소매 사업은 내국인이 우선 되어야 한다는 것이었다.
아직 내국인 기업이 영세한데 도소매 시장을 외국인에게 내
주게 되면 향후 팔라우 기업들의 입지가 좁아질 것이라는 설
명이었다.

재선을 꿈꾸는 대통령으로서는 내국인들의 표를 생각해야

했다. 나는 앞으로 팔라우를 발전시키는 큰 사업을 하겠다고
대통령을 설득했다. 하지만 대화는 평행선을 달렸다. 대통령
과의 면담은 아무런 소득도 없이 끝나고 말았다.

그러던 어느 날이었다. 수산회사에 근무하는 선원 한 사람
이 한국에 간다기에 항공권 구입을 도와주려고 여행사를 방
문했다. 대통령의 부인 티나 살리가 운영하는 여행사였다. 그
때 살리 대통령이 불쑥 여행사로 들어서면서 인사를 했다.

"미스터 하, 오늘은 기분이 어떠세요?"

"기분이 썩 좋지는 않습니다."

"왜 미스터 하가 기분이 나쁠까요?"

대통령은 웃으면서 티나를 쳐다보았다. 내가 왜 기분이 나
쁜지를 뻔히 알면서 하는 말이었다. 그러자 영부인 티나가 나
섰다.

"당신이 미스터 하에게 도소매 허가를 내주지 않으니 그렇
지요. 기분이 좋을리가 있겠어요?"

그러자 대통령이 나를 보면서 내일 대통령실로 오라고 했
다. 이게 무슨 소리인가? 도소매 허가를 내 주겠다는 소리 아
닐까? 그날 밤은 기대감에 잠이 오지 않았다.

다음 날 오전 10시쯤 대통령 집무실을 방문했다. 대통령이

먼저 입을 열었다.

"허가를 내드리겠습니다. 하지만 조그마한 구멍가게 말고
양국에 득이 되는 큰 비즈니스를 해 주세요."

대통령의 손을 꼭 잡고 감사의 인사를 했다. 그러고는 허둥
지둥 집무실을 빠져나왔다. 며칠 후 투자위원회로부터 호출
이 왔다. 위원회 사무실을 방문하니 이미 대통령 결재가 나 있
었다. 바야흐로 팔라우 법에 따라 사업을 정상궤도에 올릴 수
있게 된 것이었다. 팔라우 역사상 마트와 건재상과 같은 유통
업을 할 수 있는 첫 번째이자 마지막인 외국인이 탄생한 것이
다. 이후 팔라우에서는 지금까지도 다른 외국인에게는 허가
를 내주지 않고 있다.

건자재 시장 가격을
주도하는 '한파'

본격적으로 건재사업을 벌이기 시작했다. 서둘러서 한국에
서 수입하는 상품을 진열하고 판매할 장소를 찾아야 했다. 하

지만, 마땅한 장소를 쉽게 찾을 수 없었다. 가능하면 도로변 건물을 임대하면 좋을 것 같았다. 어느 정도 물건들을 야적할 부지도 필요했다. 여기저기 수소문 끝에 적당한 곳이 있다기에 서둘러 찾아갔다. 70년대에는 영화관으로 사용하던 건물이었다. 타이완 사람이 한동안 빵 가게를 열었지만 장사가 잘 되지 않아 문을 닫은 곳이었다.

크게 손을 보지 않아도 괜찮을 것 같았다. 건물주인 조지 기라사올 씨를 만났다. 흥정 끝에 월 임대료 1,200달러에 계약을 했다. 사무실을 꾸미고 물건을 진열할 선반을 만들었다.

때맞춰 컨테이너 2대 물량의 건자재가 들어왔다. 중고 대우 로얄 세단 4대와 자재 운반용 기아 타이탄 2.5톤 새 차도 도착했다. 한국과 팔라우의 이니셜을 딴 '한파자재센터'라는 간판을 내걸었다. 아리랑 식당이 있는 건물에 PDC 자재상이 있었기에 매일같이 오가며 경영의 노하우를 터득했고 손쉽게 개업을 할 수가 있었다.

자재센터 맞은편에 프랑코 기본스가 운영하는 조그마한 슈퍼가 있었다. 그 주인이 웬일인지 자재상을 여기저기 눈여겨 둘러보았다. 자기 가게 앞에 자재상을 떡하니 차린 것을 보고 어처구니없다는 표정을 지으면서 말했다.

"자재상 문을 닫게 되면 타이탄 2.5톤 트럭은 나한테 넘기시오."

빵 가게를 했던 타이완 사람처럼, 우리도 곧 문을 닫을 거라 지레짐작한 것 같았다. 대다수 팔라우 사람들이 비슷한 생각을 하는 것 같았다. 일본 사람들도 이런저런 사업을 벌였지만 거의 실패하고 철수했기 때문이었다. 하지만 그들이 간과한 것이 있었다. 그들과 굳이 비교한다면 나는 정식 허가를 취득하고, 팔라우 법 테두리 안에서 합법적인 사업을 영위한다는 점이었다.

팔라우에는 한파를 포함한 5개 자재상들이 영업하고 있었다. 현지인 자재상들은 소비자보다는 자신들 위주의 운영을 했다. 외상거래가 일상화돼 대부분 자재상들이 미수금을 잔뜩 안고 있었다. 자재상들 중에는 현지인 여성과 결혼한 건축설계사인 쟌수류라는 미국인이 있었다. 그는 재고가 쌓이면 투매하듯 가격을 대폭 내렸다. 그러다가 자재를 제때 조달하지 못해 허덕거리기도 했다.

한파는 시장 상황에 따라 적절하게 가격조절을 했다. 대량주문에는 어느 정도 할인까지 해주는 융통성을 발휘했다. 한파가 건자재 시장의 가격을 주도하는 위치까지 올라섰다. 호랑이한테 물려가도 정신만 차리면 산다. 시장을 잘 읽고 항상 소비자 편에 선다는 자세로 차근차근 자재업을 정상궤도에 올릴 수 있었다.

건설회사 설립,
블록과 콘크리트 생산까지

건설자재업이 자리를 잡으면서 욕심이 생겼다. 건설 자재를 중간상인을 거치지 않고 직접 건설현장에 연결해 주면 훨씬 수익이 커질 것이라는 계산을 한 것이다. 그러다가 1987년 후반기에 직접 건설업으로 진출을 해야겠다는 욕심까지 생겼다.

어렵게 건설면허를 취득했다. 막무가내로 건설업에 뛰어들었다. 전문 건설인들 눈에 어떻게 비쳐질까 싶기도 했다. 초보 항해사시절 원양선 참치 조업 때처럼 노트에 하나하나 기록하면서 건설에 대한 공부를 시작했다. 자재 이름은 거의 다 알고 있어 그나마 다행이었다.

노동자 모집 규정에 따라 필리핀에서 모집한 인부들 이력서를 노동국에 제출했다. 처음 모집한 노동자는 8명이었다. 먼저 그들이 묵을 숙소부터 마련했다. 책임반장은 체격도 크고 다소 험상궂게 생긴 사람이었다. 그의 말 한마디면 다른 인부들이 겁을 먹을 정도였다.

작은 집부터 짓기 시작했다. 차츰 큰 건물로 공사를 늘렸다. 도로공사와 상하수도 시설 공사에도 손을 댔다. 나중에는 석산까지 확보해 직접 돌을 채굴하고 가공해 토목공사에 활용했다. 돌은 석산에서 캐고, 시멘트 등 자재는 가게에서 가져다 쓰니 공사비용이 크게 줄었다. 불량자재는 아예 사용하지 않고, 자재를 아끼지 않아 튼튼한 건물을 짓는다는 평판이 돌기 시작했다.

큰 공사를 수주하려면 이행보증금을 걸어야 한다. 또 부실공사에 대비해 보험회사 보증도 받아야 한다. 보험회사 이행보증서를 발급받는 일 또한 어려운 관문이었다. 팔라우 독립 후 첫 관급공사인 팔라우고등학교 건축 때는 괌을 방문해 동부 보험회사 에이전트인 모일란 보험회사로부터 공사이행보증을 득해 낙찰 받기도 했다.

그러나 지금까지 30여 년 넘게 공사를 하면서 단 한 번도 실수를 해 본적이 없다.

자재상과 건설업을 겸하며 정신없이 바쁠 때였다. 또 한 가지 욕심이 늘었다. 콘크리트를 생산하게 되면 건설에 필요한 재원은 다 갖출 수 있고, 원가절감 면에서나 공사입찰에도 우위를 점하게 될 수 있다는 판단이었다.

최소한 콘크리트 블록이라도 생산해 공사 현장에 자급자족할 계획을 세웠다. 필리핀에서 수동 블록 기계를 도입했다. 기계를 들여와 보니 전원이 삼상전원이었다. 전봇대를 세우고 변압기를 세 개씩이나 붙여야 했다. 생각지도 않던 추가 경비가 발생했다. 블록을 생산하는 과정에서 발생하는 소음 때문에 주민들이 민원을 제기했다. 다행히 임대한 땅 주인이 그 지역 추장 동생인 올리콩 가또상이었다. 가또상의 도움으로 민원을 해결할 수 있었다. 그 와중에도 내 머릿속에는 '언제쯤 콘크리트를 생산할 수 있을까'하는 생각뿐이었다.

1990년 쌍용건설이 팔라우 국립병원을 짓기 시작했다. 팔라우 국립병원 공사에 이어 팔라우 순환도로도 건설한다는 소식이 들려왔다. 미국이 원조하는 5억 달러를 중에 1억 달러를 들어서 건설하는 도로였다.

1998년부터 본격적인 움직임이 시작됐다. 협정대로 미국이 자금을 부담했다. 발주는 팔라우 정부 명의였지만, 미국 육군공병대가 입찰을 진행했다. 2000년에 드디어 팔라우의 제일 큰 섬 바벨다옵의 순환도로 건설이 시작되었다. 1억 달러 규모의 초대형 공사였다.

공사 입찰에 성공한 기업은 대우였다. 1999년 말, 대우가 캄팩트 도로 건설을 준비하기 시작했다. 나는 대우 공사 현장에 골재를 공급하기 위해 돌을 조달할 곳을 찾아다녔다. 이산 저산 가보지 않은 곳이 없었다. 때가 되면 언젠가는 석산개발업을 해야겠다는 속마음도 있었다.

신념이 굳으면 언젠가는 기회가 오게 마련이다. 시간이 흘러 1999년, 12년 만에 드디어 석산을 개발하게 되었다. 대우 공사 현장에 골재를 납품하기 시작했다. 바다의 산호도 채취해서 골재 대용으로 대우 공사에 납품했다. 대장간에서 불에 달군 쇠를 망치로 두드려 견고한 연장을 만들어 내듯이, 사업 아이디어는 나이가 들고 경험이 쌓일수록 더 넘쳐 났다.

한파의 관광업 시작

팔라우는 한국의 거제도 면적 정도 작은 섬이다. 신이 마지막으로 남겨둔 낙원이라 불릴 만큼 아름다운 섬들이 널려 있다. 한번 이곳을 찾은 사람은 쉬 떠나기 싫을 만큼 묘한 매력을 지니고 있다.

나는 1989년 관광업의 문을 두드렸다. 문어발식이라는 이미지 때문에 한파산업개발의 총지배인인 동서 구경웅의 명의로 관광업 허가를 신청했다. 관광업은 외국인 단독으로도 허가가 가능했다. 하지만 관광업을 하다보면 현지인의 도움이 필요할 때가 많을 것이라 생각했다. 그래서 팔라우인에게 지분을 일부 배당하고 공동명의로 시작했다. 한국사람들만을 겨냥한 관광업이 아니었다. 사실 당시 팔라우를 방문한 한국 관광객이라 해봐야 일 년 내내 200여 명 내외에 불과했다. 그렇게 미래를 내다보고 1990년에 설립한 회사가 '태평양 관광회사'다.

팔라우 사람들은 관광사업만은 외국인들에게 내줘서는 안된다는 인식을 지니고 있다. 이런 분위기에서 우리가 관광업 허가를 취득했으니 주민들의 시선이 곱지 않았다. 주민들이 국회로 민원을 제기했다. 국회는 민원을 받아들여 외국인투자법을 뜯어 고쳤다. 외국인에 허용한 관광업은 허가 기간을 10년으로 제한하고 연장도 할 수 없도록 했다. 법을 고치기 이전에 팔라우에서 관광업 허가를 획득한 곳은 한파 산하의 태평양관광회사와 일본회사 한 곳뿐이었다.

그때까지만 해도 팔라우는 세상에 잘 알려지지 않은 섬이었다. 한해 팔라우를 찾는 관광객은 고작 5만~6만 명 정도였다. 세계 굴지의 관광호텔이나 골프장 기업들이 팔라우로 눈을 돌리지 않았던 이유다.

그러나 세상 사람들은 '신들의 정원' 팔라우에 눈을 돌리기 시작했다. 1960년대에 컨티넨탈항공Continental Airlines이 팔라우에 취항을 시작하면서 최초로 컨티넨탈호텔Continental Hotel이 문을 열었다. 그 당시에는 대부분이 모텔 수준급 40개 객실 정도를 갖춘 호텔들이었는데 1984년에 들어서 팬 퍼시픽 리조트 호텔Pan pacific Resort Hotel이 90개 객실로 관광객을 맞을 차비를 차렸다. 이후 70룸을 증축해 지금은 160룸을 갖추고 있다. 그 이후에도 팬 퍼시픽 리조트 호텔은 해변에 럭셔리한 호텔들을 건설했다.

처음 팔라우를 찾기 시작한 사람들은 일본 사람들이었다.

이따금 미국과 유럽 등지에서 팔라우를 찾는 사람들은 록아 일랜드에서 수영과 다이빙을 즐기러 온 관광객들이었다.

한파그룹은 10년이 지난 만기 시점에 관광업 재연장 신청을 했다. 하지만 팔라우 법이 이를 허용치 않고 있었다. 아직도 관광사업만큼은 내국인만 할 수 있도록 법으로 정해 놓고 있기 때문이다. 그러나 내국인 누구도 관광산업 활성화에 적극적으로 나서지 않고 있다. 그러면서 외국인들의 관광업 진출 길은 막아 놓고 있는 것이다.

관광 스피드보트speed boat 운영 또한 내국인들에 한해 허가를 내주고 있다. 버스 운영도 마찬가지다. 2010년 들어서야 스피드보트 렌탈과 육상차량 렌탈 사업을 내국인과 외국인이 합작할 수 있도록 허용했다. 나는 이때 팔라우 아일랜드 클럽 Palau Island Club Inc.을 설립해 관광 허가를 취득했다. 내국인에게 소수의 지분을 주고 한파그룹이 다수의 지분을 갖도록 한 것은 물론이다. 우리회사가 허가를 취득하자마자 관련 법이 변경되어 다른 회사들은 허가를 받을 수 없었다.

가라오케 클럽, 문전성시를 이루다

1990년 초쯤이었다. 이비시라는 일본인이 팔라우에서 처음으로 가라오케 바를 열었다. 노래도 하고 술도 마실 수 있도록 한 것이다. 초창기 때 나와 마찬가지로 현지인 명의로 시작한 사업이었다. 한국에도 당시에는 가라오케가 드물 때였다. 한국인 관광객들이 몇 번이나 그곳에 들렀으나 일본 관광객의 사전 예약에 밀려 허탕을 치고는 했다.

팔라우의 낮은 무척 덥다. 낮에는 스피드보트를 즐긴다. 스피드보트를 타고 섬 사이를 누비면서 바라보는 경관은 그야말로 절경이다. 수영과 다이빙도 즐긴다.

하지만 밤이 되면 별다른 놀이 문화가 없다. 현지인들이 운영하는 클럽에서 민속춤을 구경하고 현지 가수들 노래를 들으며 술을 마시는 정도가 고작이었다.

알지도 못하는 현지 음악을 들으며 술만 마시는 분위기에 만족하지 못하는 한국 관광객들이 적지 않았다. 우리 노래를 부르면서 술을 마시는 장소를 찾는 이들이 있었던 것이다. 한 번은 내가 직접 한국에서 찾아온 지인들을 안내해 가라오케를 찾았다. 일본인 사장은 내가 잘 아는 사람이었다. 그러나 예약 손님이 많아 퇴짜를 맞고 말았다. 돌아오는 길에 지인들이 여러 사업을 하면서 왜 가라오케는 하지 않느냐고 물었다. 나는 술로 돈을 벌고 싶지 않다고 대답했다.

원래 나는 애주가 소리를 듣는 사람이다. 그렇지만 술에 관한 사업은 아예 생각조차 하지 않았다. 그러나 여러 번 허탕을 치고 돌아오는 한국 관광객들을 보고 생각을 고쳐먹었다. 관광사업을 운영하려면 싫든 좋든 고객의 취향에 맞춰야 한다는 생각이 들었던 것이다.

생각이 바뀌자, 사업 구상이 떠오르기 시작했다. 사모아 주재원 시절 새벽 3시까지 디스코클럽에서 선장들을 접대하던 장면이 떠올랐다. 가라오케와 디스코클럽을 겸한 사업을 시작하기로 마음을 먹었다.

일은 일사천리로 진행되었다. 부두 근처에 클럽을 꾸몄다. 한파건설 건축사에게 설계를 맡겼다. 음향기기 등 설비를 한국에 발주했다. 리모컨에 연결된 대형 스크린까지 갖추도록 했다. 필리핀 종업원들을 채용하는 데 다소 시간이 걸렸지만, 그래도 꽤 짧은 시간에 영업을 시작할 수 있었다.

한국 관광객들은 물론 팔라우 현지인들이 앞다투어 우리

클럽을 찾았다. 까마귀 날자 배 떨어지는 격으로 참치를 잡기 위해 몰려온 타이완 어선의 선원들도 우리 고객이었다. 씀씀이가 큰 선주 겸 선장과 선원들이 들락거렸다. 주말에는 예약 전화가 빗발쳤다. 그야말로 문전성시였다. 예기치 못한 사고를 대비해 클럽이 끝나는 시간에 문 앞에 경찰들이 지키고 있을 정도였다.

어떤 일이든 마찬가지다. 정성을 다하면 행운 역시 비껴가지 않는다. 지성이면 감천이다.

어렵사리 허가받은
골든 퍼시픽 벤처 리조트 설립

팔라우는 '신이 남겨둔 마지막 바다 낙원'이라 일컬어질 정도로 스쿠버다이빙과 스노클링의 세계적 명소다. 바다 경관으로는 '세계 5대 불가사의' 중 하나로 꼽히는 곳이다. 내가 팔라우에 눌러앉아 살게 된 가장 큰 이유는 팔라우의 비경 때문이다. 그런 가운데 리조트 사업을 꿈꾸기 시작했다.

팔라우에서 한파 그룹의 여러 방계회사가 경영상 호황을 누리고 회사 이름도 제법 알려지기 시작할 때였다. 이제 리조트 사업으로 진출할 시점이라는 판단을 했다.

먼저 주 정부로부터 임차한 300여 평의 대지를 토대로 하여 1992년 10월에 사장 하순섭, 아들 하지훈 부사장, 아내 공영애 경리 겸 감사로, 3명이 주주가 되는 골든 퍼시픽 벤처 리조트 회사를 설립했다. 외국인 투자위원회로부터 어렵사리 호텔 건축허가를 받았다.

그러나 임차한 300여 평의 대지의 형질 변경으로 인하여 건축이 불허됨에 따라 허가가 취소되어 버렸다.

1996년에 다시 다시 외국인 투자 위원회에 코로르주의 미온스 함렛에 있는 맹그로브숲 너머로 바다가 훤히 보이는 1,000평 부지에 리조트 사업허가를 신청하였으나, 그전보다 투자허가 규제가 더 까다로워져 있었다. 그래서 위원들에게 괌과 사이판의 외국인 투자로 인하여 경기가 활성화가 되고 있는 점을 설명하면서 7명의 투자 위원들을 설득하였으나 3대 4로 부결되어 버렸다.

때마침 위원장과 위원들이 다소 교체가 되고 있었다. 다시 외국인투자위원회에 요청한 건축설계도, 재무제표 등의 첨부

서류를 제출해 투자 승인을 요청했다. 그 결과는 실망스러운 내용이었다.

영세 모텔 정도는 팔라우 현지인들도 할 수 있는 사업이기 때문에 외국인들에게 허가를 내주기 어렵다는 통보를 받았지만 거기서 주저앉을 수 없어 재고해달라는 의견을 제출하였다. 그러면서 외국인투자위원회의 7명 위원들을 개별적으로 찾아다니며 나이가 든 위원에게는 일본말로, 젊은위원에게는 영어로 현재 괌과 사이판 외에 싱가폴 등지의 외국인 투자로 경기가 활성화되고 있다고 재차 설명하면서 최선을 다해 적극적으로 설득했다.

한결같이 모두가 2주 후 개최되는 위원회 회의 결과를 보자는 대답뿐이었다.

하루가 마치 1년 같았다.

다행스럽게 설득한 보람으로 위원들 투표에서 4대 3으로 가결되었다. 허가승인 기간은 50년에 객실 100개 이상을 건축해야 하며 타인에게 양도는 절대 불가하다는 그 외 여러 조건도 달려있었다. 흡족하지는 않았지만 힘들게 얻은 허가였다. 세상을 다 얻은 것 같았다.

막상 허가는 났지만 적은 자본에 리조트를 지으려니 어마어마한 돈을 당장 마련해야 했다. 혼자서는 감당할 자금 규모가 아니었다. 투자자를 찾아 나서야 했다.

마침 고급주택 전문업체인 한국 성원건설이 관심을 보였다. 120객실 규모의 리조트를 구상한다 하니 임원진이 곧바로 팔라우를 방문했다. 특히 성원건설 대표의 아들이 나의 제안에 큰 관심을 보였다.

한창 투자금 조율을 하던 중에 덜컥 제동이 걸렸다. 성원건설 대표가 반대를 하고 나선 것이었다. 아들이 아직은 외국에서 큰 사업을 벌일 능력이 부족하다는 판단을 한 것이다.

대표는 자금줄을 막아버렸다. 사업 자체가 수포가 될 판이었다. 암 투병 중이던 대표의 병세마저 위독해지면서 결국 사업은 흐지부지되어 버렸다. 애당초 불가능한 일에 달려들었다는 생각에 힘이 쭉 빠졌다. 시간을 끌다 보니 허가까지 취소될 위기에 봉착했던 것이었다.

그러는 동안 외국인투자위원회의 멤버들도 많이 바뀌었다. 나와 친분이 있던 사람이 위원장으로 취임했다. 외국인투자 유치에 적극적인 인물이었다.

다시 주 정부로부터 서울 명동 같은 시내 중심지에 임차한

700평의 2층 건물을 증축하는 리조트 건축 설립 안을 수정보완해 제출했다. 고심 끝에 공을 들여 만든 투자계획이었지만, 3대 4로 부결되었다. 기 건축된 설계가 조금 미흡하며 체계적이지 못하다는 지적이었다. 그뿐만 아니라 리조트 개발업자가 팔라우 현지인과 같은 혜택을 달라는 것이라고 했다. 기존 호텔 사업자들의 반발도 한몫했다.

위원장이 잠시 기다렸다 다시 제출해 보라고 귀띔을 해줬다. 다시 위원들을 각개로 설득하는 작업을 시작했다. 반대의견을 표시한 위원들이 출장이나 여행을 떠나는 틈을 노렸다. 투자안을 보완해 다시 제출하면서 상세히 설명을 했다. 다행히 계획안이 맞아떨어졌다.

바로 허가가 승인이 되었다. 그런 어려운 난간속에서 1996년 후반기에 드디어 호텔과 콘도, 상가, 사무실, 임대업, 부동산, 사업까지 겸할 수 있는 리조트 허가를 취득한 회사가 팔라우에 탄생했다. 또 한번 꾸준한 시련과 연단으로 얻은 결실에 큰 자부심을 가지게 되었다.

살아오면서 매사에 미래를 예견하는 성격 덕분에, 건물을 지으면서 사전에 2층을 건축할때부터 5~6층을 건축할수 있도록 기초 초석을 다져두었다.

지하 1층과 지상 5층까지 증축하여 2000년에는 지하는 냉동과 냉장 창고로, 1층은 미국과 한국산의 식료품 마트로 사용하다가, 지금은 2~4층은 호텔 파라다이스로 5층은 우리가 사는 집으로 사용하고 있다.

임차한 300평은 대형 창고로 건축해서 임대를 놓았고, 미온스 함렛에 있는 1,000평은 한쪽의 2층 아파트와 건축할 부지로 남아 있으며, 코로르 시내에 레인보우 아파트와 블루 아파트로 임대되고 있다. 그밖에 코로르 시내의 대로변에 3면에서 바다 경관이 보이는 고층 주상복합건물을 건축할 부지인 1,000평의 대지를 현재 자재상과 그룹 사무실로 사용하고 있다.

그리고 팔라우 정부청사 옆 멜레케옥주에 약 2만평의 바다가 잘 보이는 리조트용 부지와 이왈주의 해변 부지도 확보하고 있다.

직원들 복지를 위한 한파농구단 발족

2000년에 접어들며 한파개발이 여러 분야로 진출하면서 고용인원도 많이 늘었다. 대부분 필리핀인이었다. 필리핀은 농구를 좋아하는 나라다. 필리핀 직원들은 쉬는 날에는 대부분 TV를 통해 농구 경기를 관람했다. 자기들끼리 사회인농구단을 꾸려 게임을 하기도 했다.

사업주로서 직원복지를 신경 쓰지 않을 수 없었다. 직원들이 여가를 잘 즐기도록 돕고 싶었다. 한파건설 농구단을 창단하면 어떨까 하는 데 생각이 미쳤다. 떡 본 김에 고사를 지낸다고 했다. 당장 농구를 좀 하는 직원들로 팀을 꾸렸다.

농구장이 직원 숙소 가까이 있었다. 직원들은 퇴근 후 농구장을 찾아 연습했다. 공설운동장을 찾기도 했다. 도로나 건축공사 때는 이동 시간이 많이 걸려 전적으로 연습에 매달리기가 어려웠지만, 틈나는 대로 연습을 하고는 했다.

매 분기 열리는 일요일 리그 때는 꼭 참가했다. 선수들에게는 다른 팀과 달리 한파 카디널HANPA CARDINALS이라 새겨진 유니폼을 입게 했다. 2012년과 2013년 시합 때는, 기량 면에서는 다소 부족했지만 선수들 입은 유니폼이 관객들의 호응을 얻어 두 번이나 의장상을 받았다.

처음 10개이던 사회인농구단이 이제는 30개 팀으로 늘어났다. 타국에서 스트레스를 잠시라도 해소할 수 있는 여가활동으로 시작된 일이었다. 직원들은 농구를 하면서 처자식을 고향에 두고 온 외로움을 달래고, 애사심과 우의를 다지고 있었다.

❶ 해병대 공로패
❷ 월남 파병시 APK 수송선에서
❸ 사천군 초전국민학교 2회 동창회 모임
❹ 수산대 2학년 시절 하복을 입고
❺ 수산대 4학년, 동기들과 한컷

3장

꿈을 향한
여정

'한번 해병은
영원한 해병'의 정신으로 무장하다

PALAU

실패는 나의 힘

팔라우는 망망한 태평양 한가운데 찍혀 있는 작은 점과 같은 섬이다. 작은 섬이지만 '신들이 숨겨둔 정원'이라고 불릴 정도로 아름다운 섬이다. 이 작고 아름다운 섬에서 나는 청춘을 불살랐다. 사람들은 내가 팔라우에 한국인의 혼을 심었다고 말한다. '팔라우의 작은 신화'라고 추켜세우는 이도 있다. 경남 사천 출신 '촌놈' 하순섭은 어떻게 온갖 역경을 이겨냈을까. 성공을 이루기까지 나를 지탱해 온 것은 무엇이었을까?

"항상 기뻐하고 감사하라. 눈앞의 어려움에 굴복하지 말라."

내가 어린 시절 할아버지에게서 자주 들었던 말이다. 이 가르침은 내 일생을 통해 긍정적이고 도전적인 인생관을 형성하는 데 큰 영향을 미쳤다. 후에 주님을 영접하며 만났던 "감사, 수용, 용서, 사랑, 또 두드리면 열리리라, 구하면 얻으리라, 찾으면 찾으리라"라는 말씀들과도 크게 다르지 않았다.

나는 태평양전쟁이 절정기였던 1943년, 경남 사천군 사남면 유천리 조동부락에서 3남 2녀 중 차남으로 태어났다. 늦더위가 한창 기승을 부리던 때였다. 나는 코가 커서 동네 사람들이 코보라고 불렀다. 성격은 온순한데 한번 틀어지면 고집이 대단했다고 했다.

진양 하河씨는 사직공파司直公派 단일 본本이다. 할아버지 하우상은 4형제 중 2남으로 태어났다. 할머니는 강복엽이다. 큰할아버지는 글깨나 읽으셨지만 우리 할아버지는 농군이셨다.

그러나 자립심이 아주 강한 분이셨다. 손수 오두막 한 칸을 지어 집에서 분가했다. 집안 어른들과 상의도 없이 집을 뛰쳐나온 것이다. 집안 어른들의 노여움 때문에 제대로 된 토지 하나 물려받지 못했다. 하늘 아래 외톨이로 살아야 했다. 그 와중에 염전에까지 손을 댔다 하니 할아버지의 재능은 애당초 남달랐던 것 같다. 할아버지의 억척같은 기질이 나에게까지 전해진 것이 분명하다.

아버지 하덕윤은 장남이었다. 일제 강점기에 소학교 3학년까지만 다녔다. 가정 형편이 어려웠을 뿐 아니라 농사에 일손을 보태야 했기 때문이다. 힘들게 농사를 지어 수확한 쌀은 일본이 모두 공출해 갔다. 굶어 죽지 않을 만큼 남은 보리와 밀로 끼니를 연명하던 시절이었다.

아버지는 우직한 분이었다. 아버지는 '우공이산愚公移山'의 신념으로 사신 분이었다. 우직하게 돌을 들어 조금씩 나르면 산도 옮길 수 있다는 믿음으로 성실하게 사신 분이다.

어머니 이우야무치李又也無致는 억척스러운 분이었다. 어머니는 형 하옥동과 둘째인 나 하순섭, 여동생 하옥순, 막내 하진식 등 자식뿐 아니라 강복엽 할머니 슬하의 삼촌 하점부와 막내고모 하말달까지 키우고 공부시켰다. 삼촌은 형보다 한 달쯤 일찍 태어났을 뿐이다. 할머니는 나이 탓에 젖이 부족했다.

어머니의 젖으로 형과 삼촌이 함께 컸다. 어릴 때부터 옷과 신발까지 같은 걸 사서 입히고 신겼다.

어머니는 행상을 하셨다. 고장 특산물인 굴과 참게, 새우

젓, 마늘 등을 마산이나 진해를 돌며 팔았다. 머리에 무거운 양동이를 인 채 "굴 사시오, 마늘 사시오"를 외치며 이 동네 저 동네를 돌았다. 그렇게 번 돈으로 삼촌과 고모를 대학과 고등 학교 공부를 시켰다.

어머니는 학교 문턱도 넘어보지 못하셨다. 글을 몰랐던 어 머니였지만 머리가 비상했다. 장사 수완도 보통이 아니었다.

외상거래가 많았을 때였다. 물건을 가져간 사람에게 외상 장부에 그 내용을 적도록 시켰다. 어머니는 외상거래 손님의 특징을 소상하게 기억했다. 집에 돌아오시면 매번 주머니를 열어 외상 메모와 판매 금액을 나에게 셈하게 했다. 원금을 빼 면 항상 배가 넘는 이익이 났다. 그때 나도 모르게 장사의 매 력을 가슴에 새겼던 듯하다.

1955년, 나는 초전국민학교 졸업반 친구들 4명과 함께 진 주사범병설중학교에 응시했다. 장지호 군만 합격하고 모두가 낙방이었다. 성장기에 맛본 첫 번째 좌절이었다.

사천중학교에 입학했다. 3년 내내 6km나 되는 길을 걸어 다녔다. 학생 명찰을 달고 있지만 당시 농촌 환경에서 일을 하 지 않을 수 없었다. 농사일은 참 지겨웠다.

중학교를 졸업하고 명문 진주고등학교에 입학원서를 냈다. 국민학교와 중학교를 줄곧 함께 다닌 죽마고우 김유곤이란 친구와 함께 시험을 쳤다. 높은 경쟁률에도 둘 다 합격했다. 그러나 나는 진학의 꿈을 접어야 했다. 형과 삼촌이 부산대학교에 합격했기 때문이었다. 나까지 진주로 보내 공부를 시키기엔 가정 형편이 너무 어려웠다. 하필 당시 서울대학교 상대에 지원한 진주고 강인호 졸업생이 전체 수석으로 합격했다는 소식이 게시판에 붙어 있었다.

경남 일대를 떠들썩하게 한 뉴스였다. 나도 열심히 한다면 서울대학교에 가겠구나 하는 생각을 가졌었기에 이루 말할 수 없을 정도로 가슴이 쓰렸다.

한창 감수성이 예민할 때였다. 마음의 갈피를 잡지 못하고 방황했다. 진주고등학교 교복을 입은 친구를 만나는 것조차 싫었다. 주말에 고향에 와서 나를 찾아오는 친구를 피했다.

결국 집에서 통학을 할 수 있는 사천농고에 입학했다. 농사일이 지긋지긋했는데 농업학교까지 가게 된 것이었다. 그때는 농사 일이 왜 그리 싫었는지 모르겠다. 농고 교모를 쓴 것 자체부터 싫었다. 이미 공부는 글렀고 그냥저냥 학교나 다니자는 자포자기하는 심정뿐이었다.

시름을 달래기 위해 태권도를 배우기 시작했다. 사범이 시키는 대로 열심히 운동을 했다. 두 달이 지났을 무렵 쉴 새 없이 가래침이 나왔다. 숨쉬기조차 힘이 들었다. 병원에서 X-ray를 찍고 정밀검사를 하니 기관지염이라고 했다. 병원 치료할 형편도 안 돼서 약방에서 조제해 주는 약으로 견딜 수밖에 없던 시절이었다. 약을 복용하니 1개월 만에 거의 나았다.

그동안 함께 태권도를 시작한 친구들은 승급을 했다. 그들을 따라잡으려 더 열심히 운동을 했다. 지기 싫어하는 성격 탓이었다. 무리했던지 병이 재발해 6개월이나 고생을 했다. 나는 왜 이렇게 되는 것이 없을까! 좌절감에 자살까지 생각했을 정도였다.

삶을 자책하면서 마구잡이로 살던 어느 날이었다. 문득 형과 삼촌의 등록금을 마련하느라 동분서주하시는 부모님 모습이 눈에 들어왔다. 자책감이 밀려왔다. 지금까지의 나태와 게으름이 부끄러웠다. 내 자신에게 매질을 하고 싶은 충동까지 일어났다. 마음을 다잡았다. 희망찬 미래를 꿈꾸어 보기로 했다. 마치 신통한 계시라도 받은 것 같았다.

책을 다시 잡았다. 밤늦게까지 공부를 했다. 부산의대 의예과에 응시했지만 낙방이었다. 의예과를 지망했던 이유가 있었다. 중고등학교 시절 국회의원에 출마하는 사람들의 태반은 변호사나 의사였다. 그래서 우선 의사가 되어 돈부터 벌고 난 후에 정치에 입문한다는 생각을 했던 것이다. 지금 생각해보면 젊은 날의 치기였다.

.

진로를 수산대학교로

1961년 5월16일, 박정희 육군 소장이 주동한 군사 쿠데타가 일어났다. 박정희 장군이 이끄는 군사혁명위원회는 여러 공약과 함께 국가 자주경제의 재건에 총력을 경주할 것이라고 발표했다. 위원회는 수산 개발, 특히 원양어업을 육성할 것이라는 이야기가 나돌았다. 그때 우리 동네에 수산대학교 부설 교원양성소에 다니던 조영환 씨라는 분이 계셨다. 지금도 그분이 하던 말씀이 생생하게 기억이 난다.

"앞으로 수산대학교가 유망할 거야. 수산대학교 어로과를 나와 어로장이 되면 의사나 변호사 못지않게 큰돈을 벌 수 있어."

웬만한 젊은이라면 한 번쯤은 마도로스를 꿈꾸던 시절이었다. 선글라스를 끼고, 담배 파이프를 문 채 오대양을 누비는 것을 동경했던 시절이었다. 바다라는 새로운 꿈이 나를 흥분시켰다. 더구나 졸업과 동시에 예비원 해군이나 해병 소위로 임관될 수도 있다 했다. 군대 문제도 해결되고, 남들보다 3~4년이나 빠르게 사회에 진출할 수 있다는 사실이 나를 유혹했다. 일반 대학 출신들도 취직이 힘들 때였다. 당시 부모님은 대학생 3명과 고등학생 2명, 중학생 1명에 양재학원에 다니는 고모까지 뒷바라지하고 있었다. 당시 형편으로 나의 수산대학교 진학은 어쩔 수 없는 선택이기도 했다.

1962년, 부산수산대학교 어로과에 입학했다. 입학과 동시에 예비원 해군사관후보생으로 공부와 군사훈련을 병행하게 되었다. 어로과와 조선과는 금요일 오후와 토요일 하루 동안 군사 훈련을 받았다. 적성에도 맞아 탁월한 선택이라 여겼다. 대학에 입학하고 내성적인 성격이 조금씩 외향적으로 바뀌고 있음을 느꼈다.

당시 수산대 입학생들은 여름방학에 2주간 해양훈련을 했다. 해양훈련 시작 전에 수영 실력에 따라 등급별로 반을 편성했다. 나는 최하위 등급인 D반으로 배정을 받았다. 시골에서 자라면서 저수지에서 수영깨나 했다고 생각했던 나로서는 기분이 썩 좋지 않았다.

해양훈련 마지막 날에 수산대 앞바다인 수영만에서 다대포까지 4km 정도의 원거리 수영경기가 벌어졌다. 나는 끝까지 완영한 8명 안에 들었다. 결승지점인 차돌밭에 도달하고는 온몸이 마비되어 바로 쓰러졌다. 양재목 학장으로부터 A 학점과 수건 한 장을 포상으로 받았다.

3학년이 되자 형과 삼촌이 대학을 졸업했다. 등록금 부담이 줄면서 가정형편도 조금 나아졌다. 앞으로 원양어선 선장으로 활동할 때를 대비해 영어회화를 공부하고 싶었다. 당시 선진 수산대국인 일본을 알기위해 일본어까지 배워야한다는 생각을 했다. 수산대학교 옆 대연동에서 자취생활을 그만두고 숙소를 옮겨 광복동 ESS학원에서 졸업 때까지 2년간 일어와 영어회화를 익혔다.

ESS학원에서 영어와 일본어 회화를 배우면서 동시에 유도를 수련할 때, 고향 동네 아저씨뻘 되는 박용선 씨와 하숙을

같이 했다. 당시 동아대학교 대학원생인 아저씨는 밤에 하루 세 시간씩 일류 학교인 경남과 부산여중에 입학하려는 부잣집 6학년 학생들을 그룹지도 하고 있었다. 아저씨가 대학원을 졸업하면서 나에게 그룹지도를 인계했다.

월 보수가 상상 밖의 거금이었다. 한 달을 하면서 마음에 갈등이 생겼다. 호랑이 가죽을 탐하는 것 같이 보수를 보면 탐이 나지만, 나의 미래를 생각하니 그 세 시간 이상을 나에게 투자하는 게 더 낫겠다는 생각에 아쉽지만 다른 사람에게 인계했다.

그때 그렇게 졸업할 때까지 그룹지도를 했다면 아마도 돈의 노예가 되었을지도 모르는 일이었다. 그런 연유로 다시 ESS학원과 유도 수련으로 되돌아왔던 것이다.

선장으로서 선내 규율과 선원 통솔에 대비한다는 생각으로 유도를 계속 단련했다. 부산역 건너편 대한체육관을 다녔다. 졸업 전에 초단 자격까지 땄다.

아침에 콩나물시루 같은 버스를 타고 대연동 수산대학교에 등교해 강의를 듣고, 하교해서는 ESS학원에서 공부했다. 집에 와 다시 운동복을 챙겨 체육관으로 갔다. 운동을 끝내고 집에 돌아오면 자정이 가까워지고 있었다.

그런 바쁜 생활 중에서도 대학교 동아리 활동도 열심히 했다. 부산대와 동아대, 부산여대 학생들과 연합해 수림동우회 '포레스트FOREST'를 조직해서 타 대학생들이 바라보는 미래의 비전을 나름대로 터득했다. 수산대만의 특수성에 갇혀 우물 안 올챙이 신세를 벗어날 수 있었다. 그뿐만 아니라 대학 3학년 때는 유명무실했던 재 부산 사천군 학우회를 제건하기 위하여 동아대학교 조수일 군과 겨울 방학 동안 부산에서 정재계 유지급으로 있는 동향 분들을 찾아 발품으로 찬조를 받아 향우회를 재건했고, 매년 가을에 개최되는 사천군 수양문화제에 학우 회장으로 참석하여 향토 문화 발전을 위해 축사를 하기도 했다.

4학년 때는 어로학과 대표로서 학생회 대의원 활동을 했다. 대학 4학년 때 수산개발공사 입사가 확정됐다. 졸업 전 수산개발공사로부터 장려금까지 받았다. 그때는 세상이 나를 위해 존재하는 것 같았다. 주체할 수 없을 만큼 신바람 나는 나날이었다.

방학을 이용해 서울로 올라가 수산개발공사 본사에 다니는 선배들을 만났다. 선배들 의견이 정부의 원양개발정책 자체가 탁상공론일 뿐이라고 말했다. 큰 실망이었다. 수산개발공사 입사를 포기하고 대학원 진학을 계획했다. 졸업을 앞두고 실습선을 타고 대만에 다녀왔다.

해병대 소위, 하순섭

실습선이 부산으로 귀항했을 때였다. 부산항 제3부두에 학교 버스가 대기하고 있었다. 후보생이 아닌 다른 동기들은 집으로 돌려보냈다. 사관 교육을 받던 학생들만 버스에 태워 수산대로 향했다. 해군과 해병대 기관병들이 동승했다. 우리는 수산대 학훈단에서 내렸다. 학훈단 교관단이 대뜸 "지금부터 외출과 외박을 일체 불허한다. 내일 임관과 동시에 진해 해병학교로 입교한다"라고 했다. 나의 가슴에 청천벽력의 못이 박히는 것 같았다.

알고 보니 월남파병의 일환으로 추진되는 일이었다. 당시는 박정희 대통령의 경제개발계획이 활기를 띨 때였다. 경제발전을 위해서는 무엇보다 외화가 필요했다. 미국과의 동맹관계 및 국제 평화 유지의 목적도 있었겠지만, 월남전 파병은 달러를 벌어들이기 위한 수단 중 하나였다. 나는 졸업과 동시에 '귀신 잡는 무적 해병' 장교로 임관되는 운명을 맞이해야만 했다.

부랴부랴 사천 집과 부산 친지들에게 연락을 했다. 다음 날 부모님과 친지들이 참석한 가운데 약식으로 임관식을 치렀다. 한마디로 일사천리였다. 가족들과 제대로 된 대화를 나눌 시간도 주어지지 않았다. 간단하게 사진 몇 장 찍고 군용차에 실려 진해 해병학교로 향했다. 도착하자마자 M1 소총과 총검, 철모, 군화, 수통, 탄띠 등 전투 용품을 배급받았다.

며칠 후 해군사관학교에서 해병대로 임관된 신임 소위들이 합류했다. 비둘기가 나무에 앉아 있어도 콩밭을 생각하는 것처럼 우리들 심적 갈등을 없애기 위하여 장교 기초반 교육대에서는 혼이 빠질 만큼 고된 훈련이 시작되었다. 달포쯤 지났을까, 국영기업 수산개발공사에 입사한 동기들은 맨 먼저 열외가 되었다. 며칠 더 지나자 원양어업 회사에 지원한 어로과 출신들도 슬그머니 해병학교를 빠져나갔다. 뒤에 알게 된 일이지만, 민간기업 중에서 이학수 씨가 설립한 고려원양에 승선할 사람들을 추려냈다. 며칠이 지나자 다른 회사에도 지망한 친구들이 열외가 되었다. 이학수 씨는 5·16쿠데타 당시

혁명 공약을 인쇄해 준 인물이었다. 민간인으로는 유일하게 5·16쿠데타에 가담한 셈이었다.

이학수 씨의 영향력은 대단했다. 월남파병 대상자들을 원양어선으로 빼돌릴 만큼 위세가 막강했던 것이다. 원양어선 역시 외화벌이 수단의 하나였기에 가능했던 일이기도 했다. 월남전 파병과 원양어선, 파독 광부 및 간호사 등이 당시 외화벌이의 주요 수단이었다.

월남 전쟁터에 갈 생각을 하니 눈앞이 캄캄했다. 도살장에 끌려가는 소 같은 심정이었다. 전쟁터에서 보낼 생각을 하니 겁도 났다. 신문과 방송은 연일 청룡과 맹호부대의 전과와 전황을 알렸다. 정예 전투부대인 해병대에서는 많은 전사자와 부상자가 발생했다. 특히 최선봉에서 전투를 지휘하는 소대장들은 적의 저격 타깃 1호였다. 소대장들이 태부족일 수밖에 없었다.

그런 이유에선지 9개월 기초반 교육훈련이 갑자기 3개월로 단축되었다. 번갯불에 콩 볶듯 속전속결로 이론교육과 야전 훈련을 마쳤다. 우선 김포여단으로 발령을 받았다. 경부선을 타고 서울로 올라왔다. 서울에서 하룻밤을 지낸 후 마장동에서 버스를 타고 제1여단에 도착했다. 이병문 여단장에게 신고했다. 나는 중대 본부에서 산 정상의 능선을 따라 임진강을 내려다보고, 이북의 정찰 초소와 무인 거주 선전용 주택들을 바라보면서 1대대 3중대 5소대장으로 부임했다.

소대 소초에서 간단한 부임식을 가졌다. 소초에 있는 소대장 침실을 보니 미국원조 야전 침대에 모포가 깔려있고 베개가 딸랑 놓여 있었다. 밤이 되었다. 임진강은 불빛 한 점 없는 어둠 속에서 도도히 흘렀다. 임진강을 바라보며 교통호 참호 경계병을 점검한 뒤 침실에서 군화도 벗지 않은 채 누웠다. 잠이 오지 않았다. 강 건너에서 북한 방송이 들려왔다.

"하순섭 소위님, 그동안 고된 기초반 장교 교육훈련을 받으시느라 수고하셨습니다. 부임을 축하드립니다."

1966년 10월 1일 국군의 날 행사에 우리 중대 병력이 차출되었다. 육해공군 해병대가 일주일 동안 행사장인 여의도 비행장에서 열병식을 준비했다. 박정희 대통령과 삼부 요인이 참석한 가운데 국군의 날 행사를 치렀다. 숨 돌릴 틈도 없이 바로 포항 상륙사단 5여단으로 발령이 났다. 월남 파병을 위해 창설한 5여단이었다. 애써 '인명은 재천인데 월남전이라고

다 죽지는 않는다'라는 말을 몇 번이고 되뇌어 보았다. 그저 운명으로 받아들이는 수밖에 없었다.

반년 동안 고락을 함께했던 소대원들과 작별했다. 포항 제일 상륙사단 5여단 소속 1대대에 잠시 근무한 뒤 월남파병 특수교육대에 입교를 했다. 4주간 현지 정글과 흡사하게 꾸민 교육장에서 훈련을 받았다.

1967년 7월 15일, 포항역에서 파월행사가 열렸다. 사단장과 포항시장 등이 참석한 행사였다. 학생들의 환송가를 들으며 부산으로 출발했다. 차창 밖 들판에서 농부들이 일하는 모습이 보였다. 쪼들리는 가난을 면해보려고 부모와 처자식을 등지고 북해도로 징용을 떠나야 했던 아버지 심정은 어떠했을까? 기약도 없이 지아비와 이별했던 어머니 심정은 또 어땠을까.

부산항 제3부두에서 육해공군 파병 환송식이 열렸다. 파병식 장소는 공교롭게도 대학 실습선으로 귀항했던 바로 그 3부두였다. '꼭 살아서 돌아오라', '무운을 빈다' 등의 글귀들이 새겨진 깃발들이 나부꼈다. 김성은 국방장관과 고위급 장성들과 부산시장의 격려사가 이어졌다. 어머니가 안타까운 눈길로 나를 바라보고 계셨다. 전쟁터로 자식을 떠나보내는 어머니의 마음이 오죽했을까. 어머니는 애써 눈물을 감추고 계시는 듯했다. 눈물 흘리는 모습을 보이면 자식의 앞날에 좋지 않을 거라는 생각을 하셨을 것이었다.

떠밀리듯 APK 수송선에 승선했다. 피켓을 든 환송객들이 이별의 손을 흔들었다. 나도 가족들을 향해 손을 흔들었다. 마음속으로 '죽지 않고 살아 돌아 올 테니 걱정마시라'라는 말을 외쳤다.

오색 테이프가 바람을 타고 날아올랐다가 바다에 흩뿌려지고 있었다. 배가 서서히 부두에서 멀어져 갔다. 오륙도를 왼편으로 지나 대학 시절 야유회의 추억이 서린 태종대를 바라보며 마지막 뱃고동 소리를 크게 울리고 남지나해로 향했다.

내해를 벗어나 대양으로 접어들었다. 후덥지근한 바람이 일며 파도에 배가 요동치기 시작했다. 수산대 출신들은 원양항해 승선실습과 해양훈련으로 선박생활에 익숙했다. 하지만 다른 병사들은 지독한 뱃멀미를 겪기 시작했다. 그들이 쓰러져있는 침실에는 구토와 토사물에 악취가 진동했다. 식사는 최고 수준이었다. 24시간 내내 상영되는 영화를 볼 수 있었고, 빙고 게임을 즐길 수도 있었다.

월남으로 간 '영원한 해병'

　월남의 두 번째 항구도시 다낭에 도착했다. 다낭 비행장에서 차량으로 청룡부대 주둔지역인 추라이 전선 기지까지 이동했다. 이동 중 지나는 마을들은 쑥대밭으로 변해있었다. 사이공으로 연결되는 1번 도로상에 폭격이나 부비트랩으로 파괴된 교량들은 얼기설기 나무나 철골로 보수해 사용하고 있었다. 주요 다리마다 미군과 월남군이 함께 방어경계를 수행하고 있었다. 이어 추라이 전선에서 헬기로 제1여단 청룡부대에 도착했다. 작전참모들로부터 전시현황에 대한 브리핑을 받은 뒤 1대대로 배치되었다. 대대에서 하룻밤을 묵었다. 바로 옆 포병대대에서 밤새 포를 쏘아댔다. 여기가 바로 전쟁터라는 것을 실감했다. 잠을 이룰 수가 없었다.

　착륙하는 헬기마다 전사자와 부상자들을 싣고 내리느라 정신이 없었다. 이따금 샌들 차림에 눈을 가린 검은 옷의 베트콩 포로들을 끌어내리는 광경도 볼 수 있었다. 작전 상황이 좋지 않은지 모두가 다급한 모습들이었다.

　나는 3중대로 배속되었다. 3중대는 바탄간반도 동북편 누에보 110고지를 전술기지로 사용하고 있었다. 여단에서 제일 먼 최전선 부대였다. 헬기로 식수를 보급받아야 하는 열악한 곳이었다.

사흘 후, 병참 보급과 부상자 수송용 매드백Medvac 헬기를 타고 누에보 110고지로 향했다. 중무장한 건쉽Gun ship 헬기가 호위했다.

건쉽 헬기는 1분에 6,000발을 발사할 수 있는 LMG 기관총을 장착하고 있다.

착륙지에 황색 스모크탄 연기가 피어올랐다. 삼중 철조망이 열렸다. 병사들이 달려 나와 물과 탄약, 식량 등 보급품을 수령했다. 물이 없어 씻지 못한 병사들의 얼굴은 인디언 병사들 같아 보였다.

반가운 얼굴들이 나를 맞았다. 해병 기초반 동기인 해사 출신 문화옥 중위와 노현량 1소대장을 만난 것이다. 중대장에게 전입신고를 했다. 나와 교대하는 노 소위는 오랫동안 후임을 기다린 것 같았다. 먼저 꼼꼼하게 인수인계를 마쳤다.

노 소위 송별연이 벌어졌다. 내가 사가지고 간 맥주 2박스를 풀어 놓았다.

대대에서 보낸 생고기가 든 에이레이션A-Ration과 냉동 소고기로 차렸다. 난생처음 접하는 월남의 매운 고추로 다진 초장과 버무린 육회를 곁들였다. 병사들이 노 소위의 무용담을 늘어놓았다. 대부분 소대장은 죽거나 부상을 당해 대대로 돌아갔는데 노 소대장만은 상처 하나 없이 돌아가게 되어 행운아라고 말했다.

그러나 노 소위가 대대본부로 돌아간 바로 다음 날 오전, 좋지 않은 소식이 들려왔다. 대대에 도착한 후 도로정찰에 나선 노 소위가 베트콩들이 설치한 부비트랩의 덫에 걸려 한쪽 다리를 잃었다는 것이었다. 월남전에서는 전후방 구분도, 안전지대도 없다는 사실을 한 번 더 일깨워 준 사고였다.

다음 날 우리 중대에 주변을 수색 공격하라는 작전명령이 하달되었다. 중대작전회의에서 화기소대장이 밤새 수립한 작전계획을 설명했다. 신참인 나는 가만히 듣고만 있었다. 중대장이 지형지물과 행군 좌표를 찍어가면서 하나하나 도상실습을 했다.

소대로 돌아와 선임하사와 각 분대장들을 불러 놓고 작전계획을 설명했다.

아침 일찍이 출전 준비를 위해 철모를 썼다. 권총과 수통을 허리에 찼다. 수류탄을 가슴에 걸었다. M16을 손에 들었다. 그리고는 물었다.

"빠진 것이 없나?"

전령이 머뭇거리더니 말했다.

"소대장님도 배낭을 메셔야 합니다."

소대장이 배낭을 메지 않으면 적군 스나이퍼의 타깃이 된다고 했다. 배낭을 지면 누가 소대장인지 쉽게 식별을 할 수 없다는 것이었다. 다소 대원들 보기에 민망스러움을 느꼈으나 여기가 바로 전쟁터임을 상기시키는 말이었다.

묵묵히 병사들과 똑같이 군장을 꾸리고 배낭을 멨다. 이제 진짜 전투가 시작된 것이었다.

40여 명의 소대원을 거느리고 작전을 개시했다. 우리 임무는 임시로 구축한 중대본부 진지에서 4km 떨어진 개활지에 흩어져 있는 민가 수색이었다. 전투대열로 수색공격작전을 시작했다. 곳곳에 30cm가량의 둥근 함정들이 파여져 있었다. 쇠똥을 바른 죽창을 세워 놓은 뒤 풀을 덧씌운 함정들이었다. 자칫 함정에 군홧발이라도 찔린다면 발진티푸스가 온몸에 퍼지는 낭패를 당한다고 했다.

깊은 정글 속을 굼벵이 기듯 조금씩 전진했다. 바람 한 점 없었다. 땀이 비오듯 쏟아졌다. 오전에는 적과의 조우가 없었다. 사주경계를 하는 가운데 점심식사를 마치고 1시에 다시 목표지역을 향해 전진을 계속했다. 40분 정도 이동했을까, 지도상 목표지점에 진입한 것 같았다. 개활지 가옥들이 나타났다. 수색작업을 시작했다. 1분대와 3분대에 엄호사격 태세를 갖추게 한 뒤 2분대장에게 가옥수색을 명했다.

2분대장 박 하사가 농로를 따라 마을 쪽으로 접근했다. 박 하사가 울타리를 뚫고 앞으로 나갔다. 중지시킬 틈도 없었다. 그 찰나, '꽝'하는 굉음과 함께 검은 연기가 치솟아 올랐다. 아뿔싸, 그가 베트콩이 쳐놓은 부비트랩 철선을 건드리고 만 것이었다. 소대원 모두가 재빠르게 급편방어 자세를 취했다. 몸을 최대로 낮추고 은폐하면서 소대장 명령만 기다리고 있었다. 2분대 선임조장 김 병장이 무전기로 상황을 알려왔다. 분대장이 다리 부상을 입었고, 압박붕대로 응급조치 중이라 했다.

중대본부에 상황을 보고했다. 중대에 배속되어 있는 미 해병대 무전병을 통해 건쉽과 매드백을 보내 달라고 요청했다. 우리 중대의 작전 지역은 개활지였다. 만약 적들이 산등성의 밀림 속에서나 땅굴에서 공격을 감행한다면 치명적 희생을 치를 수밖에 없는 지형이었다.

적의 공격에 대비해 긴장을 놓지 않았다. 다행히 교전은 일어나지 않았다. 헬기들이 도착해 선회했다. 황색 스모크 탄을 터트려 착륙 위치를 알렸다. 부상병을 실을 때가 가장 위험했다. 적들은 이때를 노려 집중사격을 해오기 때문이다.

불행 중 다행으로 적의 공격은 없었다. 부상자를 실은 헬기가 무사히 이륙했다. 다시 촌락을 수색하는 작전을 시작했다. 그러나 베트콩들은 눈에 띄지 않았다. 뉘엿뉘엿 해가 서산으로 넘어가기 시작했다. 우리 소대는 중대 진지로 허탈하게 귀대했다.

사흘 후 1박 2일간의 용화1작전이 시작되었다. 중대에서 동남 방향으로 6km 이상 떨어진 촌락들을 수색하는 작전이었다. 빽빽한 정글을 통과해야 하는 작전이었다. 대검으로 나뭇가지를 쳐내면서 길을 만들어 나갔다. 숨이 턱턱 막혔다. 전투복은 숲속에서는 땀에 젖고 개활지의 햇볕 아래서는 마르기를 반복했다. 전투복에는 언제나 소금꽃이 번져 있었다. 몇 군데 촌락을 수색했지만 적군의 징후를 발견하지 못했다.

또다시 해가 지고 있었다. 적을 경계하기에 유리한 지형을 확보해야 했다. 마을 건너편 산으로 올라갔다. 야전삽으로 흙을 파 임시 참호를 만들었다. 보슬비가 내렸다. 긴장 속에 밤을 지새웠다. 다음 날 아침 씨레이션C-Ration으로 아침 식사를 한 뒤 수색작전을 재개하려 할 때였다. 두 발의 총탄이 날아왔다. 나를 타깃으로 겨눈 저격이었다. 첫 발은 참호 안에 서 있던 나를 비켜 방공호 샌드백에 꽂혔다. 다른 한 발이 출동 준비 중이던 예비전령 김종관 일병의 팔을 관통했다.

재빨리 응사하면서 부상자를 응급조치하고 매드백을 요청했다. 총탄이 날아온 마을을 향해 M16 소총과 유탄으로 총공세를 가했다. 산에서 개활지로 내려와 사방으로 급편방어를 구축했다. 스모크 탄 신호로 앵그리코맨헬기와 연락하는 무전병이 헬기를 유도해 김 일병을 후송시켰다. 작전지역 마을을 샅샅이 수색했다. 마을은 텅 비어 있었다. 주민들이 밥을 지은 흔적만 남아 있었다. 70~80세쯤으로 보이는 할머니 홀로 마루에 걸터앉아 있을 뿐이었다. 서로가 뻔히 쳐다만 보면서 말을 섞을 수가 없었다. 집 주위엔 항공 포격으로 파인 웅덩이들이 군데군데 보였다. 적의 동태는 발견할 수 없었다. 해가 넘어갈 무렵 중대장의 퇴각 명령이 떨어졌다.

어둠이 깔리는 가운데 2소대와 3소대가 좌우로 경계를 하면서 전진했다. 그 뒤를 중대본부가 따랐다. 1소대가 후미를 경계하며 뒤따랐다. 평상시 같으면 정글을 뚫고 새 길을 내며 귀대하는 게 정상이었다. 하지만 시간에 쫓기는 형편이었다. 설마설마하면서 그들이 다니는 길을 따라서 행군을 했다.

갑자기 굉음과 함께 불발되었던 항공폭탄이 터져서 화염이 치솟았다. 중대장의 전령과 작전하사의 몸이 공중으로 치솟았다. 두 사람의 뼛조각과 살점이 여기저기 흩어졌다. 불행 중 다행으로 중대장은 정신을 잃고 쓰려졌을 뿐 큰 부상은 당하지 않았다. 어둠 속에서 가까스로 희생자들의 시신을 주섬주섬 수거했다. 판초의에 둘둘 말아 둘러멘 뒤 한 걸음 한 걸음씩 어둠을 헤치며 중대본부를 향해 퇴각했다.

부상을 입고 정신을 잃은 중대장 문 대위를 부축해 겨우 중대본부에 도착했다. 전투 한번 제대로 치르지도 못한 채 죽거나 부상을 당해야 했던 전선의 악몽이었다.

며칠 후 적들의 공격이 있을 것이라는 첩보가 연이어 접수되었다. 여단에서 제일 멀리 떨어진 위치에 주둔해 있는 3중대를 공격한다는 첩보였다. 내가 파병되기 전에 벌어진 짜빈동 전투에서 참패를 당한 적들이 보복 공격을 계획하고 있다는 것이었다.

짜빈동 방어 전투는 베트남 전쟁사에 한국군의 압승으로 기록되고 있다. 적들은 한국군 일개 중대를 섬멸하기 위해 여단급 병력을 투입했지만 참패를 당하고 만 것이었다.

비가 부슬거리는 초저녁 무렵, 월맹 여단급 정규군과 베트콩들이 청룡 해병여단 3대대 11중대를 포위 공격하기 시작했다. 아군의 공방에 후퇴 철수하는 것처럼 기만술을 쓰다가 다시 공격해 새벽까지 치열한 공방전이 벌어졌다. 적들이 3중 철조망까지 끊고 들어와 육박전까지 치렀다. 아군도 사상자가 적지 않았지만 월맹군과 베트콩들은 거의 전멸이었다. 해사 20기로 나와 같이 장교 기초반교육을 받은 신원배 소위가 무공 신화를 남긴 전투였다.

적들은 짜빈동 참패의 설욕을 별렀다. 첩보에 따르면, 그 설욕의 대상을 청룡여단에서 제일 멀리 주둔하고 있는 3중대로 잡은 것이었다. 그들의 공격에 대비해야 했다. 3박 4일간 바탄간반도의 촌락들을 수색공격하라는 작전명령이 떨어졌다.

아침 미명에 마을을 내려다보면서 중대기지를 출발했다. 건기여서 논에 물이 빠져 있었다. 3중대는 동서로 연결되는 수로를 따라 전진을 계속했다. 적과의 교전은 없었다. 바탄간 수로에도 물이 말라 건너가는 징검다리가 노출되고 있었다. 2중대는 서북부에서 동남부로 이동하면서 수색공격 작전을 펼치고 있었다. 이름하여 용화2작전이었다.

우리 1소대는 방향을 바꾸어 강둑을 따라 북쪽으로 전진했다. 2분대를 첨병분대로 세웠다. 1분대와 소대본부, 3분대가 후미 쪽을 맡았다. 강 건너편은 정글 숲으로 울창하게 뒤덮여 있었다. 사람의 눈으로는 아무것도 가늠할 수 없었다. 사전에 포병대대의 박격포와 건쉽 무장헬기로 폭격을 가한 후 작전을 벌이고 있었다. 무전기로 중대장의 지시가 전달됐다.

"지금 2중대가 3중대 쪽으로 수색공격 중에 있다. 별다른 명령이 있을 때까지 사격을 금한다."

오후 5시경쯤 되었을까, 갑자기 50m 전방 강둑 반대쪽에서 총탄이 날아왔다. 적들이 우리가 접근하기만을 숨죽여 기다린 모양이었다. 즉시 응사를 시작했다. M79 유탄발사기를 비롯한 각종 화기가 불을 뿜었다. 약 20분간 교전이 이어졌다. 치열한 교전 후 주위가 거짓말같이 잠잠해졌다.

날이 어두워지기 시작했다. 더 이상 전진공격이 불가능했다. 중대장이 철수 명령을 내렸다. 분대장들에게 일일이 철수

인원을 체크하라는 지시를 내렸다. 특히 첨병분대였던 2분대장으로부터 분대원들 하나하나를 확인하라고 했다. 이상이 없다는 보고가 올라왔다. 이상하게 미심쩍은 마음이 들었다. 재차 인원을 점검해 보았다.

불행하게도 나의 예감은 적중했다. 2분대 양종식 일병이 허벅지에 총탄을 맞고 낙오가 되었다는 사실을 발견한 것이다. 격렬한 전투에 너무 다급해서 혼이 빠졌던 분대장 변 하사가 보고에서 빠트린 것이었다.

양 일병의 생사가 달린 문제였다. 즉시 중대에 양 일병 사고를 보고한 뒤 교전이 있었던 지점으로 되돌아가 수색을 했다. 하지만 이미 양 일병 모습은 보이지 않았다. 어둠이 내려 사위가 식별조차 힘들었다. 더 이상 수색이 불가하다는 판단에 되돌아올 수밖에 없었다.

얼마나 화가 났던지 내가 이성을 잃을 지경이었다. 2분대장을 향해 권총을 뽑아 들었다. 전투 시엔 지휘자에게 즉결처분권이 주어져 있었다. 방아쇠는 이미 내 손가락에 걸려 있었다.

"안 됩니다. 안 됩니다. 소대장님!"

1분대장 김 하사가 울부짖었다. 그때 김 하사가 말리지 않왔다면 어떤 일이 있어났을까. 지금 생각해도 아찔한 상황이었다. 어둠은 점점 짙어지고 있었다. 울화를 누그러뜨리고 중대장에게 재차 분대원 실종을 보고했다. 아니나 다를까 노발대발이었다.

전쟁터에서 전사와 실종은 엄청난 차이가 있다. 설사 전사자가 많더라도 실종자만은 생기지 않아야 한다는 것이 불문율이다. 실종자가 발생하면 시간이 걸리더라도 수색작전이 계속된다. 포로로 잡혀 아군의 군사기밀과 정보를 적군에게 넘겨준다면 엄청난 피해를 보기 때문이었다.

당시 북한 정보요원들이 월맹군을 지원하고 있었다. 월맹군은 아군 실종자를 북한으로 넘겨주었다. 북한은 아군 실종자들을 이용해 대남방송을 하는 경우도 있었다. 파월 국군이 미국의 시녀 노릇을 하고 있다는 내용이었다.

2중대는 북쪽에서 남쪽으로 훑으면서 수색 공격을 실시했다. 3중대는 남쪽에서 북쪽으로 밀고 올라갔다. 독 안의 쥐 꼴이 된 베트콩들이 필사적으로 응사를 해왔다. 각종 화기에서 나는 굉음이 천지를 진동했다. 버려진 가옥 두세 채를 사이에 두고 치열한 교전이 벌어졌다. 수류탄과 M16 유탄이 발사되면서 전쟁터는 아수라장 그 자체였다. 대대 무전망을 통해 피를 토하듯 명령을 내리는 2중대장의 처절한 목소리가 쩌렁쩌렁 울렸다.

날이 어두워졌다. 임시 급편방어진지를 구축했다. 중대작전회의를 마치고 소대로 돌아오니 진지 주변에 판초로 둘둘 말아놓은 뭉치들이 쌓여 있었다. 그 위에 무심코 앉았더니 물컹했다. 전사자들의 시신이었다. 어둠이 깔려서 후송을 못 시킨 채 임시 안치해 놓은 시신들이었다. 그 시신들은 부상을 당해 후송된 2중대 대학 동기 김세대 소대의 대원들이었다. 양 일병의 실종에 엎친 데 덮친 격으로 대학 동기 소대원의 시신까지 마주한 나의 마음이 아프고 쓰렸다.

전선의 달은 한가로이 구름과 숨바꼭질을 하고 있었다. 또 하루 정글의 밤이 지나고 있었다.

실종된 양 일병을 찾아라

새벽에 소대 작전회의가 시작되었다. 실종된 양 일병을 찾는 작전회의였다. 2분대장 변정호 하사 얼굴을 보니 측은한 생각과 함께 울컥 화가 치밀었다. 억지로 마음을 가라앉히면서 작전 지시를 내렸다.

"전열은 어제와 같다. 최대한 낮은 자세로 엄폐와 은폐된 곳을 이용해 실종지점에 진입하라."

강 건너편에 베트콩의 매복이 있을 것 같은 생각이 들어 175mm 곡사포 포격을 대대에 요청했다. 포탄이 떨어지면서 천지를 진동했던 포성이 잠잠해지자 소대원들이 지시에 따라 수색작전에 나섰다. 미군 건쉽이 공중에서 정글을 향해 LMG 기관총 세례를 안기고 있었다. 양 일병 실종지점에 도착한 변 하사로부터 연락이 왔다. 핏자국뿐, 아무런 흔적도 남아 있지 않다고 했다. 소대원들 모두가 허탈한 표정을 지었다. 양 일병은 도대체 어디에 있는 것일까. 일단 중대를 호출했다.

"흑산도 하나, 대흑산도 감 잡고 나오라."

"대흑산도 감 잡았다."

"실종위치를 추적했으나 핏자국만 발견했을 뿐 아무런 흔적 없음. 이상!"

"실종지점 일대를 360도 방향 전부 수색 바람. 이상!"

강둑 반대편과 강물 안까지 샅샅이 수색했다. 탄피만 수북이 널려 있을 뿐 양 일병의 흔적은 없었다. 중대명령이 다시 하달됐다.

"더 깊숙이 수색하고 땅굴이 있는지 없는지 수색 현황을 보고하라."

다시 개활지에서 가옥까지 수색이 시작되었다. 대밭까지 샅샅이 뒤졌다. 땅굴도 발견하지 못했다. 해가 뉘엿뉘엿 가라앉고 있었다. 여단과 대대, 중대할 것 없이 오직 실종자 발견 소식이 있을까 무전기에 귀를 기울이고 있었다.

3일째 양 일병 수색 작전이 개시됐다. 땅을 판 흔적이나 인계철선이 있는지를 잘 관찰하면서 진격하도록 했다. 간밤에 적들이 부비트랩을 설치했을 수도 있기 때문이었다. 아군 제트기 2대가 정글을 선회하면서 포격을 퍼부었다. 항공 폭격에 이어 포병대대의 요란한 포격이 이어졌다.

강을 따라 양 일병 실종지점으로 진입 중이던 2분대장 변 하사가 경무전기로 연락을 해왔다.

"사람 형체 비슷한 것이 시커먼 나무들과 섞여 있습니다. 양 일병이 실종된 장소는 분명한데, 어제 없었던 나무들이 보입니다."

최대한 낮은 자세로 변 하사가 실종된 지점으로 진입했다. 자칫 잘못 진입하다가는 전멸당할 수 있다. 양 일병 시신을 미끼로 아군을 유인하는 적의 함정일 수 있었다. 양 일병 시신인지 적군의 시신인지는 아직 알 수 없었다.

한 걸음 두 걸음 사주경계를 하면서 접근했다. 드디어 실종 지점에 도착했다. 염려했던 것과는 달리 적의 공격은 없었다. 공중에 아군 건쉽 헬기가 선회하고 있었다. 적들이 섣불리 공격할 수 있는 상황은 아니었다.

시신 한 구가 덩그러니 놓여 있었다. 쉽게 식별하지 못하도록 정글복을 벗긴 알몸이었다. 아군을 유인해 공격하려 했음이 분명했다. 만약에 아군의 공중 화력지원이 없었다면 어떤 일이 벌어졌을까. 등골이 오싹했다. 천천히 다가가 확인을 했다. 양 일병 시신이 틀림없었다. 금세 악몽을 꾸다 깬 것처럼 머리가 어지러웠다. 부대원들이 망연자실한 모습으로 넋을 놓고 있었다. 실종된 지 4일이나 지난 시점이었다. 더운 열대 기후에 피부는 검게 썩어 들어가고 있었다. 새카맣게 변한 그의 손을 덥석 붙잡았다.

"양 일병! 상급자를 잘못 만나 죽어서도 이렇게 고생하는구나. 먼저 북망산천으로 떠나는구나."

연신 눈물이 흘러내렸다. 모두가 울먹이며 명복을 빌었다.

"시신을 수습하라."

마른침을 삼키고 지시를 내렸다. 분대원들이 시신을 판초에 둘러쌌다. 천천히 퇴각했다. 이미 중대장에게 보고하고 퇴각 명령까지 받은 후였다. 천근만근 무거운 발걸음이었다.

대대에 매드백 헬기를 요청했다. 건쉽과 매드백 도착에 맞춰 스모크 탄을 터트리고, 샛노란 연기 사이로 착륙한 매드백에 양 일병 시신을 운구해 실었다.

검붉은 바나나 꽃잎마저도 묵념하듯 고개를 숙였다. 어딘가를 포격하는 포소리가 요란하게 울렸다. 베트남 전장은 지옥이었다.

가뭄에 단비 같은 전과를 내다

1967년 9월 중순경, 산악지역의 적군이 야음을 틈타 수로를 따라 남하하고 있다는 첩보가 입수되었다. 여단 작전실이 바빠졌다. 미 해병대와 협조해 바탄간반도 소탕 작전계획을 세웠다. 세부작전이 대대에서 중대로 하달되었다.

작전 세부계획에 의하여 달포가량 동남북 일대를 완전 수색공격으로 소탕하고 있는 중에, 해변에 접한 33고지로 이동하라는 명령이 떨어졌다. 33고지까지는 2일 동안 수색작전 없이 갈 수 있는 거리였다. 남쪽이 해변으로 접한 모래 산인 33고지로 가는 길은 곡창지대였다. 황금빛 나락으로 덮여 있어야 할 들판이 전쟁터로 변해 있었다. 오후 1시쯤 33고지에 진입했다.

분대별로 교통호를 구축하도록 지시했다. 적으로부터 날아오는 스나이핑에 대비해 샌드백도 쌓게 했다. 모래로 벙커를 구축한다는 게 보통 일이 아니었다. 참호는 쉽게 무너져 내렸다. 참호를 파던 전령이 모래에 묻히는 사고가 발생했다. 다행히 압사 직전에 구출했다.

야간 매복 작전명령이 내려왔다. 1개 분대를 고지에 남겨두고, 2개 분대와 소대본부가 정해진 매복지로 출발했다. 우기가 시작될 때였다. 우기는 10월부터 4월까지다. 맑았던 하늘에서 갑자기 비가 쏟아지기 시작했다. 논바닥은 금방 물천지로 변했다. 매복지에 도착해 부대원들을 배치했다. 800개의 쇠구슬이 부착된 클레이모어를 양쪽 둑에 설치했다. 첨병분대는 둑 아래의 물논에, 나는 논둑 아래 물논에 엎드려 매복했다. 첨병 1분대로부터 연락이 왔다.

"전방에 움직이는 물체가 있습니다. 적인 것 같습니다. 분대 병력인지 소대 병력인지는 정확히 알 수 없습니다."

적들이 서서히 아군 쪽으로 다가오고 있었다. 우리는 올빼미^{볼수는 있지만 말을 못하는 통신 수단}로 소통하면서 적이 10, 8, 6, 4m 거리로 접근할 때까지 숨을 죽이고 있었다. 클레이모어 스위치를 눌렀다. 천지를 울리는 폭음과 함께 두 대의 클레이모어가 한꺼번에 발사되었다. 베트콩들이 갈가리 몸이 찢겨 그 자리에 고꾸라졌다.

우리 부대의 일제 사격을 기다리고 있던 포병대대가 155mm 조명탄을 쏘아 올렸다. 낙하산에 매달린 조명탄이 사방을 대낮처럼 비추었다. 아군은 허둥대는 베트콩을 향해 M16과 수류탄, M79 유탄발사기 세례를 퍼부었다. 도망가는 베트콩들의 몸은 벌집이 되어 쓰러졌다.

새벽이 되어 33고지 참호로 돌아왔다. 김연상 여단장으로부터 전문이 도착해 있었다. 전문에는 '하순섭 중위, 큰 전과를 축하함과 동시에 노고를 치하함'이라고 쓰여 있었다. 아군은 지난 한 달 동안 계속된 수색공격작전에서 매번 당하기만 했을 뿐 전과가 없었던 참이었다. 여단뿐만 아니라 주월사령부, 미 해병대의 체면이 구겨질 대로 구겨진 상황이었다. 이런 때 가뭄에 단비 같은 전과를 낸 것이었다.

월남포병연대 탈환작전

아군은 두 달여 만에 바탄간반도의 적진을 함락했다. 적들은 황급히 북쪽 산악지대로 퇴각했다. 밤새 적진을 때리는 박격포 소리가 울렸다. 새벽 미명에 또다시 수색 공격 명령이 떨어졌다. 논밭을 지나고 강을 건넜다. 이어 도로를 따라 이동했다. 오랜 전쟁으로 도로는 잡초로 뒤덮여 있었다. 도로변 여기저기 검은 옷에 샌들을 신은 베트콩과 민간인들의 시신이 널려 있었다.

어디선가 어린아이의 울음소리가 들려왔다. 포탄에 맞아 쓰러져 죽은 한 여인의 품에 젖먹이 어린이가 안긴 채 울고 있었다. 죽은 어머니의 팔이 굳어 어린이는 꼼짝달싹도 못 하는 상태였다.

중대에 상황을 보고했다. 그냥 두고 가라는 명령이 떨어졌다. 내가 할 수 있는 일은 전투식량 씨레이션 한봉지만 쥐여주는 것뿐이었다. 비정한 전쟁터였다.

1967년 11월 말, 110 누에보 고지는 폐쇄됐다. 3중대는 대대 예비중대로 편입되었다. 후방이라고 안심할 수 없었다. 곳곳에서 부비트랩 부상자가 속출했다.

성탄절을 무사히 넘겼다. 구정이 다가왔다. 베트남에서도 구정은 한국처럼 큰 명절이다. 월맹과 미군이 합의하에 일주일간 휴전을 선포했다. 하지만 그것은 월맹의 기만전술이었다. 1968년 1월 31일 새벽을 기해 월맹은 대공세를 퍼부었다.

한미 합동작전 명령이 떨어졌다. 월맹정규군과 베트콩들의 구정 대공세로 함락된 호이안 성청 인근의 포병연대를 탈환하라는 것이었다. 청룡부대 1대대 3중대가 새벽에 작전을 개시했다. 미 해병대 전차부대를 앞세우고 진격을 시작했다. 강을 건너고 정글을 지나고 모래사장을 헤치고 나아갔다. 1소대는 첨병소대로 출격을 했다. 그래도 명절은 명절이었다. 월남 마을을 지날 때 구수한 음식 냄새가 솔솔 풍겨 나왔다. 너희들은 전쟁을 하든 말든, 우리는 즐긴다는 느낌을 받았다.

다행히 적의 공격은 없었다. 해가 질 무렵 호이안 비행장에서 미군 전차소대와 합류했다. 활주로 위에 참호를 구축할 수 없었다. 사방이 노출된 상태로 급편방어 태세에 들어갔다. 전차부대가 LMG를 거치한 채 경계에 임했다.

이런 상황에서 어처구니없는 사고가 발생했다. 2소대 김 상병이 한밤중에 용변을 보던 중 아군의 총에 사살된 것이다. 미군 전차사수가 김 상병을 적으로 오인해 저격을 한 것이었다. 전쟁터에서 벌어지는 비극이었다.

월남포병연대 자리는 구정 대공세 전까지 아군의 요새였다. 적군은 아군이 구축한 철벽 같은 요새에서 방어를 하고 있었다. 아군은 은폐나 엄폐도 없이 완전 노출된 상태로 집들이 다닥다닥 붙어 있어 도로를 따라 공격을 해야 했다. 포병연대가 도로변에 위치해 있었기 때문이다.

미군 전차 부대를 앞세워 공격을 재개했다. 적의 포타블 박격포에 전차의 굴렁쇠가 망가지는 일진일퇴의 격렬한 공방이 이어졌다. 사상자가 늘어만 갔다. 그래도 계속 밀어붙이라는 대대의 명령이었다. 작전 3일째 되는 날 밤, 아군은 집중적으로 폭격을 퍼부었다.

마침내 적들이 야음을 틈타 퇴각하기 시작했다. 좌우경계를 철저히 하며 폐허가 되다시피 한 기지 내부로 진입했다. 불타는 목재들 속에 적군의 시체들이 즐비했다. 무엇 때문에 서로를 죽여야 하나. 누구를 위한 전쟁인가? 왜 우리 젊은이들이 낯선 이국땅에서 피를 흘려야 할까?

베트남 전장에서 일반적으로 6개월 마다 소대장을 교체하는데, 나는 잠시 부중대장으로 대대에 병참 보급을 위해 머물

다가, 1년하고도 15일을 3중대 1소대장으로 많은 전투를 치렀다. '불사조 소대장'으로 불리며 혁혁한 전과를 올렸다. 당연히 상처도 컸다. 전후임 소대장이 부상을 당했다. 대원 1명이 전사하고 2명이 부상당하는 아픔을 겪었다. 대학 동기 조선과 김상근 중위는 전사했다. 김세대 중위, 최정일 중위, 김영길 중위는 부상을 당해 후송되었다. 서정호 중위는 부상을 당하였으나 원대복귀 명령을 받았다. 해병 간부후보로 입교해 우리중대에 파견되었던 62학번 김청수 소위는 전차로 이동 중 부비트랩이 터져 소대원들과 함께 화상을 입고 귀국했다.

수산대에서는 어로과 4명, 조선과 5명, 학훈단 출신 9명이 소위에서 중위로 특별 진급을 하고 파병되었다. 이들 중 1명이 전사하고 4명이 부상당했다. 지금도 생사고락을 같이했던 전우들의 희생을 생각하면 가슴이 저려온다.

'불사조 소대장', 피 흘려 싸운 대가가 겨우 이겁니까?

귀국에 앞서 무공에 대한 포상식이 있었다. 내 이름이 호명

되었다. 해군참모총장상이었다. 3중대장은 충무무공훈장을 받았다. 내심 화랑무공훈장이나 인헌무공훈장을 기대했던 나로서는 섭섭한 마음이 들었다. 1년 동안 처절한 전투에서 1소대 이상 혁혁한 전공을 올린 소대는 없었다. 어느 중대원이라도 그 사실을 모르지 않았다. 바탄간반도 개활지에서 소대 매복으로 전과를 획득했을 때, 여단장 김연상 준장이 축전을 왜 3중대 하순섭 중위를 지명해 보냈는지 상기시키고 싶었다. 별을 바라보고 복무를 하는 것은 아니지만 앞으로 전개될 사회생활에 대한 각오를 다짐했다.

귀국길에 올랐다. 다낭 해안 제7부두에 도착했다. 1년 전 파월 수송선을 타고 첫발을 디뎠던 곳이었다. 만감이 교차했다. 바야흐로 총탄이 난무하는 전쟁터를 벗어나 고향으로 돌아가는 귀국선에 몸을 싣게 된 것이었다. APK 수송선은 바로 나트랑 항으로 향했다. 다음 날 오전 육군 맹호부대, 백마부대 1,300여 명을 승선시킨 수송선은 마침내 동지나해를 거쳐 고국으로 향해서 8월 1일 부산항 제3부두에 접안했다. 1년 전 인파로 꽉 찼던 부두와는 달리 조금은 한산했다. 가족들과 눈물의 상봉을 했다. 마냥 기뻐할 수만도 없었다. 전사한 양 일병 얼굴이 떠올랐다. 자책감에 마음 한구석이 아파왔다. 그저 다시 명복만 빌 뿐이었다.

살아서 가족들 품에 돌아왔다는 안도감에 힘이 쭉 빠졌다. 고향으로 내려간 나는 먼저 선산을 찾아 참배했다. 숙부님이 근무하는 하동종합고등학교를 방문했다. 고마운 위문편지로 무운장구를 빌어주며 전선의 외로움을 달래준 학생들과 교직원들을 찾아 감사 인사를 드렸다.

군인 하순섭은 1968년 9월 말 전역했다.

30년의 세월이 지난 1998년 말, 해병전우회에서 연락이 왔다. 내가 공로상 수상자로 선정됐다는 통보였다. 내가 팔라우라는 해외 무대에서 '한번 해병이면 영원한 해병' 정신을 실천하고 있다는 것이었다.

그해 11월, 예비역 중장인 해병전우회 김정호 총재로부터 70만 해병 예비역 전우들의 뜻을 담은 공로패를 받았다.

무거운 책임감과 함께 계속 베풀고 봉사하는 삶을 살아야겠다고 다짐하는 계기였다.

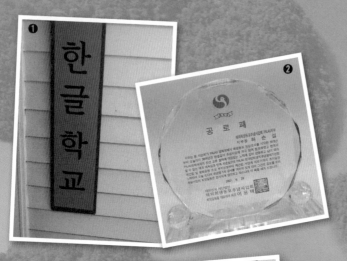

❶ 팔라우 한글학교 명판
❷ 팔라우 한국인희생자추모평화기원탑 공로패
❸ 2018년 17회 통일글짓기대회 창작 만화 부분 장려상을 받은 하태경 학생 그림
❹ 팔라우 한국인희생자추모평화기원탑

4장

뼛속까지
한국인

피는 물보다 진하다

PALAU

한인회 결성, 한글학교 시작

팔라우에는 한파 외에도 한국인 사업체가 하나 더 있다. 바로 건설회사인 소시오 마이크로네시아^{Socio Micronesia}다. 소시오 마이크로네시아의 전신인 소시오 건설회사는 미국 국적의 정병욱 사장이 운영하던 회사였다. 소시오는 1972년부터 1975년까지 코로르-바벨다옵^{KB} 다리 공사를 했다. KB다리는 코로르주와 바벨다옵주를 연결하는 다리다.

독일공법을 이용한 현수교 공사였다. 그러나 양쪽 육지로부터 연결되어 가던 동선이 중앙 결합 지점에서 각도가 맞지 않아 실격 처리되었다. 그 여파로 회사는 결국 부도가 났다. 당시 공사 프로젝트를 담당하던 지배인 이종덕 씨가 장비와 기타 시스템 일체를 인수해 소시오 마이크로네시아라는 건설 회사를 설립했다.

소시오 마이크로네시아는 팔라우 유일의 토목 전문회사였다. 팔라우 토목공사는 독식하다시피 했다. 그러던 중 이종덕 사장 아들이 교통사고를 당해 괌으로 후송되는 사고가 발생했다. 그 후 이 사장은 괌으로 삶의 터전을 옮겼다. 소시오 마이크로네시아는 현대건설 출신인 이찬우 씨가 인수했다.

팔라우에 한국 교민은 다 합해도 20여 명 정도다. 이들은 전기와 자동차 수리, 건설업종에 고용된 회사원들이다. 한인회 결성을 하기엔 작은 규모였다. 하지만 한 나라를 대표하는 단체를 결성할 필요성이 있다는 의견들이 제기됐다. 한인회를 결성하려면 독지가가 필요했다.

1987년, 이찬우 사장을 회장으로 추천하고 내가 부회장을 맡아 한인회를 탄생시켰다. '한글을 모른다면 어떻게 대한민국 국민이라 하겠느냐'라는 생각에서 한글학교도 세웠다. 학교 건물도 교정도 없이 일주일에 한 번씩 팔라우 가정집에서 열리는 학교였다. 한인회 회칙에 부회장이 한글학교 교장을 맡는다는 조항이 있었다. 내가 교장을 맡을 수밖에 없었다.

초창기 한글학교 학생은 내 아들과 교민 이철준 씨 아들과 딸 등 모두 3명뿐이었다. 아내와 이철준 씨 부인이 금요일에 한글과 역사 등을 가르쳤다. 2004년경에 한국교회가 건립되고 나서는 정상진 목사님과 국문과 출신 사모께서 토요일에 한글학교를 열었다. 나는 1990년까지 한글학교 교장으로 아이들과 함께했다. 한글학교는 2008년부터 현재까지 한국교회 하승욱 목사님께서 교장 선생님으로 운영하고 있다. 이런 노력으로, 팔라우 교민 자녀들은 한국말을 잘한다. 많은 분들의 수고와 협조로 한글학교는 지금까지 잘 운영되고 있다.

한국인희생동포 추념탑 재건립

팔라우는 세계에서 가장 아름다운 섬이지만, 가장 끔찍한 역사를 지닌 섬이기도 하다. 팔라우는 태평양전쟁 격전지였다. 1944년 이곳에서 벌어진 전투에서 9,600여 명에 가까운 일본군과 1,700여 명의 미군이 사망했다. 팔라우에서는 우리 동포들도 2,000여 명이나 목숨을 잃었다. 태평양전쟁 당시 일본에 의해 강제로 끌려온 조선인 징용공과 위안부 5,000~6,000명이 강제노역과 성착취에 시달렸다. 일본군의 학대 혹은 미군의 포격 등으로 애꿎은 우리 동포들이 목숨을 잃은 것이다.

피로 얼룩진 역사는 쉽사리 묻히지 않는다. 그 역사를 기억하려는 노력들이 끊임없이 이어진다. 한국의 기자들이 취재를 오고, 학자들도 찾아오고, 추념사업회 관계자들의 발길도 이어지고 있다. 나는 팔라우의 아픈 역사를 기억하고 발굴하고 보전하려는 이들을 적극적으로 도와 왔다.

1981년 KB다리 북쪽 해변에서 한국인 희생자 위령비 제막식이 열렸다. 태평양전쟁 당시 팔라우에서 희생당한 한국인 유골 4구를 위령비와 함께 안장하는 행사였다. 한국에서 날아온 해외희생동포위령사업회 관계자들과 팔라우 거주 한국 교민들이 한자리에 모였다. 당시 미국 밴 캠프 시푸드사의 팔라우지사 선단 매니저로 일하고 있던 나도 행사에 함께했다. 하루오 레메릭 대통령과 유다카 기본스 이베둘 코로르 시장 겸 대추장 등 팔라우 정부 인사들도 참석했다.

1996년 KB다리가 붕괴되는 사고가 발생했다. 다리를 새로 건설해야 했다. 그 과정에서 코로르 시장 겸 대추장이 위령비 철거를 요청했다. 희생 동포 네 분의 유골을 소시오 마이크로네시아 건설사 부지에 임시 안장했다. 위령비 재건립과 함께 네 분이 영면을 취할 수 있는 유택을 새로 마련해야 했다.

당시 한인회장이었던 내가 그 일에 앞장서야 했다. 코로르 주 안에서 위령비와 유골을 모실 장소를 백방으로 물색했다. 필리핀 한국대사관의 영사도 여러 차례 다녀갔다. 그러나 마땅한 장소는 쉽사리 구할 수 없었다.

어느날 멜레케오크주 유지 중 한 사람인 레크라이 기르망 씨를 알게 됐다. 그는 미 해병대 상사 출신으로 월남전에도 참전했던 베테랑이었다. 기르망은 나도 해병대 출신일 뿐 아니라 월남전 베테랑이라는 사실을 알고는 친밀감을 보였다. 우리 두 사람은 '한번 해병은 영원한 해병'이라는 연으로 유대가 돈독해지기 시작했다. 더군다나 두 사람이 같은 시기에 추라이 바탄간반도 지역에서 함께 전투까지 치렀다는 사실까지 알게 됐다. 우리는 친구이자 전우사이로 발전하게 되었다.

그러던 중 놀라운 소식이 전해졌다. 기르망 씨가 멜레케오크주의 대추장이 되었다는 소식이었다. 멜레케오크는 현재 팔라우의 수도이자 주도다. 팔라우에서 가장 큰 섬인 바벨다옵의 동부 연안에 위치하고 있다. 멜레케오크주의 대추장이 노환으로 서거하면서 기르망이 대추장의 자리를 잇게 된 것이었다.

이젠 내가 예전처럼 그를 편한 친구로 대하기가 어려워졌다. 기르망의 신분이 하루아침에 하늘과 땅만큼이나 달라졌기 때문이었다. 그러나 대추장이 된 이후에도 그는 나를 전처럼 편하게 대해주었다. 여전히 아리랑식당을 자주 찾아 주었다. 어느 날 아리랑 식당을 찾은 그에게 내 고민을 털어놓았다.

"당신도 아시는 것처럼 한국인 희생자 위령비를 새로 건립할 부지를 찾고 있습니다. 정부 신청사 앞에 있는 땅이 마음에 듭니다. 그곳에 위령비를 세우면 두고두고 한국과 팔라우 간 친선을 보여주는 징표가 될 것입니다."

기르망 대추장이 흔쾌히 부지제공을 약속했다. 혹시나 하고 던져본 말이었다. 그런데 주저없이 땅을 내주겠다고 대답을 한 것이었다. 믿기지 않아 재차 물었다.

"정말 정부 신청사 앞의 땅을 위령비 부지로 내 줄 수 있습니까?"

"당신! 진짜 귀신 잡는 해병 맞소? 해병이 한 번 약속한 것은 반드시 지킵니다. 지금까지 살아오면서 거짓말이나 허튼 약속은 한 번도 한 적이 없습니다."

"그래도 걱정이 있습니다. 주 정부와 의원들과 토지위원들의 승인이 있어야 합니다."

"내가 모두 설득할 테니 염려하지 마십시오."

정말 뛸 듯이 기뻤다. 몇 번이나 감사 인사를 드렸다. 서울의 이용택 해외희생동포추념사업회 회장에게 이 사실을 알렸다. 이 회장이 즉각 팔라우로 날아왔다.

2002년 1월 13일, 이 회장과 함께 부지를 둘러봤다. 이 회장이 매우 좋은 자리라면서 흡족해했다. 이 회장이 준비한 선물 꾸러미를 들고 기르망 대추장 집을 방문했다. 추장이 먼저 물었다.

"부지가 얼마나 필요합니까?"

"1만 m²는 넘어야 합니다. 멜레케오크 공설운동장 앞 야산 부지가 괜찮은 장소로 보입니다."

이 회장이 말한 야산 부지는 주변 땅보다 조금 높은 언덕이었다. 위령비가 들어서기엔 그만한 자리가 없었다. 기르망 대추장의 대답은 한마디로 "오케이"였다.

일사천리로 일이 진행되기 시작했다. 이 회장이 필리핀 주재 한국대사관에 진행 사실을 전했다. 우리 정부가 팔라우 정부에 협조 요청 공문을 보냈다. 한국인희생자 위령탑 재건립에 필요한 부지를 요청하는 내용이었다.

2002년 4월3일, 멜레케오크주 정부는 1만 2,000m^{2}의 부지를 무상으로 할애했다.

위령탑 부지는 팔라우 수도에서도 알토란 같은 땅으로 꼽힌다. 정부 청사와 공설운동장 등 주요 시설의 바로 앞에 위치해 있다. 야트막한 언덕으로 이루어진 지형이어서 사방을 훤히 바라볼 수 있는 곳이기도 하다.

추념사업회를 중심으로 시공 준비 작업을 서둘렀다. 가장 큰 문제는 비용을 마련하는 일이었다. 나도 백방으로 뛰어다녔다. 팔라우 바벨다옵섬 순환도로를 건설하고 있던 대우엔지니어링의 김재우 소장이 적극적으로 동참하겠다고 나섰다. 현장에서 일을 하면서 태평양전쟁 당시 총알받이로 희생당한 징용자들의 희생을 안타까워하고 있었기 때문이다. 필리핀 한국대사관에서도 외교통상부와 해외동포재단에 건의해 건립비용 지원을 추진했다. 명칭은 위령비에서 추념비로 변경키로 했다.

2002년 7월 20일, 마침내 추념비 기공식이 열렸다. 제25회 해외희생동포추념행사도 함께 열렸다. 나는 전 한인회장 자격으로 그간의 경과보고를 했다.

"무엇보다 이처럼 뜻깊은 행사에 참석해 주신 팔라우 정부와 국민 여러분, 그리고 필리핀 대사관 대사님과 직원 여러분께 머리 숙여 감사를 드립니다. 아울러 모국에 계시는 동포와 관계 부처, 이곳까지 봉행하러 오신 추념단 여러분 모두에게도 감사의 마음을 전합니다.

이곳 팔라우에 우리 동포가 처음 들어온 시기는 1900년대 초입니다. 일본제국주의의 남방측산주식회사와 남방무역 등이 팔라우 개발을 시작할 때였습니다. 일본인들은 농업과 어업, 건설업, 일본군 부대 축성 등을 위해 우리 동포들을 강제 동원했습니다. 처음엔 취업이민 자격으로 온 분들도 있었습니다. 하지만 1941년 태평양전쟁이 발발하자 우리 동포들을 징용자로 신분을 바꾸어버렸습니다. 코로르와 아르가베상이 각각 섬으로 분리되어 있을 때에 아르가베상에 거주하는 민간인을 강제로 이주시켜 전쟁전용지로 몰수되었던 것이다. 도로와 다리를 놓는 과정에서 동포들은 찌는 듯 내리쬐는 뙤약볕 아래 끼니도 제대로 못 먹으면서 혹사를 당했습니다. 얼마나 힘들고 고통스러웠던지 '아이고 죽겠다!'라는 비명과 탄식을 연발했습니다. 지금도 현지인들은 '아이고 브릿지'라고 부르고 있습니다. 우리 동포가 겪은 참혹한 고통을 생각하면 가슴이 미어집니다.

1978년부터 추념사업회 이용택 회장이 팔라우에서 희생당한 우리 동포들의 진상을 조사해 왔습니다. 그 결과 5,000~6,000명으로 추산되는 위안부와 징용자 중 적어도 2,000여 명 이상이 희생된 것으로 파악하였습니다. 1978년 위령사업회에서 주민들의 도움으로 희생된 19구의 유골이 있는 장소를 알았으나 안타깝게도 단지 유골 4구만 추념비에 안장되어 있습니다. 나머지 분들은 묻힌 장소조차 지금은 찾을 수 없습니다. 이 얼마나 안타까운 일 입니까!

해외희생동포추념사업회 회원 여러분!

나라 잃은 서러움을 안고 이역만리 팔라우까지 끌려와 억울하게 희생당한 원혼들의 명복을 함께 빌어줍시다. 조국의 광복을 보지 못한 팔라우 하늘을 떠다니는 무주고혼들을 함께 위령합시다.

한국인희생자추념평화기원탑 재건립 사업이 순탄하게 진행될 수 있도록 함께 힘을 모읍시다. 우리 모국 동포 5,000만이 한 사람당 25원씩만 성금 해도 12억여 원이 됩니다. 이역만리 뜨거운 열대지역 팔라우에 살면서 언제나 조국을 바라보고 있는 팔라우 한인들의 숙원이 이루어지길 간절히 기원합니다. 한인회를 대표해 그간의 경과보고를 드리면서 다시 한번 협력의 손을 잡아주시기를 간절히 청합니다."

2004년 1월 27일, 나는 추념사업회 지부장으로 위촉됐다. 사업을 하는 바쁜 일정 가운데에서도 추념탑 건립 사업을 게을리하지 않았다. 김재우 대우건설 소장이 도로공사를 하는 틈틈이 추념탑 부지 정지작업을 진행시켰다.

추념탑 부지를 무상 대여해준 멜레케오크주의 추장과 주정부 측 사람들에게 고마움을 표시하고 싶었다. 2004년 1월 초, 추념사업회에서 바오 기르망 추장과 메세베레 라자루 코뎁 주지사, 그리고 서열 두 번째 추장을 한국으로 초청했다. 나도 동행했다.

이태원에서 환영회를 열었다. 이용택 회장을 비롯한 추념회 간부들의 환영사에 이어 기르망 추장과 주지사 코넵 씨가 답사를 했다. 즐거운 환영파티를 마친 다음 날 서울 시내 관광에 나섰다. 영하 15도를 오르내리는 매서운 추위가 열대지방 손님들을 맞이했다. 아쉽게도 눈이 내리지 않았다. 눈을 보고 싶다는 요청에 서울 외곽 장산의 인공 썰매장으로 안내했다. 다음날은 이용택 회장이 자주 찾는다는 대구의 사찰과 대구 시내 명승지를 두루 안내했다. 짧은 방한 일정이었지만 알차게 보낸 시간이었다.

추념탑 부지 정리 작업이 마무리되고 있었다. 본격적으로 추념탑 건립공사를 준비하기 시작했다. 2004년 11월 6일, 추념사업회 이용택 회장과 팔라우 지부장 하순섭, 팔라우 한인 회장 이우형, 대우건설 도로소장 김재우 이사가 함께 머리를 맞댔다.

논의 결과 대우건설은 부지 정지작업을 마무리하고, 주탑 건립, 석물조립, 그리고 진입도로 공사를 맡기로 했다. 추념사업회는 한국에서 석물 일체를 들여오기로 했다.

(주)소시오 마이크로네시아는 공원 계단과 보도공사를 맡기로 했다. 한파는 공원 내에 들어서는 여러 시설물의 지붕을 니

파 헛Nipa Hut, 열대갈대으로 꾸미는 일을 맡았다. 한인회는 조경을 하기로 했다. 이 밖에 육각정과 전기, 전화, 상하수도 공사 등도 각각 분담키로 했다. 경남 마산 무학그룹의 최재호 부회장이 추념비 건립에 쓰라면서 거금을 희사했다.

2007년 6월 29일, 팔라우공화국 한국인희생추념탑 한국공원이 1차 공사를 마무리 지었다. 마침내 이름조차 남기지 못한 원혼들의 유택을 마련한 것이다. 팔라우 희생 동포들의 넋을 위령하는 제단을 갖춘 것이었다.

추념탑과 한국공원관리는 추념사업회 팔라우 지부장인 나의 몫이었다. 열대지역은 풀이 금방 자란다. 한 해 여러 번 벌초를 하면서 관리를 해야 했다.

누가 시킨 일은 아니었다. 누구의 도움을 받지도 않았다. 그저 마음에서 우러나와 한 일뿐이었다.

하지만 이런 일이 누구 한 사람에게만 맡겨져서는 안 된다는 것이 나의 지론이다. 사이판은 한인회 회원들과 평통 자문위원들이 함께 추념탑을 관리한다. 팔라우의 추념탑과 한국공원 관리도 팔라우 한인동포들이 한마음으로 함께 하기로 했다.

정신대 강순애 할머니,
50년 만의 나들이

1995년 6월 중순경, 코로르주 마라칼 항구에 러시아 유람선이 입항했다. 부두 관리사무실에서 한파산업개발로 전화가 걸려 왔다. 유람선 승객 한 분이 '미스터 하'를 찾는 다는 것이었다. 당시 한인회장을 맡고 있던 나를 찾았던 것이다.

유람선에는 태평양전쟁희생자유족회 간부회원들이 타고 있었다. 태평양전쟁 때 학병이나 징용공이나 위안부 등으로 가족을 잃은 분들이었다. 유람선을 빌려 가족이 희생을 당한 역사의 현장을 돌아보는 중이었다. 유족들은 순방 일정에 따라 태평양전쟁의 격전지였던 팔라우를 방문하게 된 것이었다.

해외희생동포 위령사업회로부터 유족회의 방문 사실을 미리 통보를 받았기 때문에 놀랄 일은 아니었다. 다만 정확한 방문 일정을 몰랐을 뿐이었다. 한인회 간부들과 함께 항구에서 유족들을 맞았다. 김종대 유족회 회장 일행과 인사를 나누었다.

식사 장소인 아리랑식당으로 향했다. 식사를 하면서 세부

일정을 논의했다.

유족들 소개도 이어졌다. 놀랍게도 방문객 중에는 유족
이 아닌 당사자도 있었다. 팔라우로 끌려와 간호사와 위안부
로 혹사를 당했던 강순애 할머니였다. 강 할머니는 무려 50년
만에 오욕의 현장인 팔라우를 다시 찾은 것이었다. 할머니는
1941년부터 1945년까지 낮에는 간호사로, 밤에는 위안부로
일본군들에게 착취와 유린을 당했다. 할머니는 죽지 못해 근
근이 이어가는 고통스러운 삶을 회상했다.

"영문도 모르고 강제로 끌려왔다우. 처음엔 간호사로 취업을
시켜준다고 속였어요. 맨 처음 일을 시작한곳이 코로르병원이
었습니다. 병원 일이 끝나면 일본군 고사포부대로 끌려가 성적
유린을 당하고는 했지요."

1941년 3월, 강 할머니는 경남 마산에서 살던 열네 살의 꽃
다운 소녀였다. 소녀는 어머니와 함께 관공서에 배급을 타러
갔다. 그때 헌병 3명을 거느린 일본 순사가 소녀에게 다가왔
다. 간호원을 모집한다며 꼬드겼다. 겁을 먹은 소녀는 고개를
저었다. 순사와 헌병들은 소녀를 강제로 끌고 가려 했다. 소

녀는 놀라 소리를 질렀다. 어머니가 놀라서 달려왔다. 어머니가 아직 열네 살밖에 되지 않은 어린아이라고 하소연했다. 간호사 일을 배운 적도 없으니 제발 딸을 데리고 가지 말라고 빌었다. 어머니가 울면서 애원했지만 막무가내였다. 어머니는 끝내 기절을 하고 말았다. 동네 사람들이 급히 물을 끼얹어 정신을 차리게 했다. 어머니가 깨어나 정신을 차렸을 때 딸은 이미 일본군 트럭에 실려 가고 난 후였다.

소녀가 끌려간 곳은 마산에 있는 어느 창고 건물이었다. 소녀보다 먼저 끌려온 7명의 여성이 더 있었다. 마산 일대의 어린 한인기생들이었다. 이후 20여명의 여성들이 더 끌려왔다. 그들은 부산 영주동 대동여관으로 이송되었다.

그해 4월, 그들은 배편으로 부산항을 떠났다. 일본 시모노세키항에서 내린 그들은 다시 열차로 옮겨 탔다. 열차로 도착한 그들은 히로시마의 어느 공회당에 수용되었다. 다시 한복을 입은 여성과 기모노를 입은 일본 여성 20여 명이 합류했다. 모포 두 장씩을 받았다. 다다미를 깐 공회당 마룻바닥에서 잠을 잤다. 규율이 아주 엄격했다. 마치 군인들처럼 일본 국가와 군가를 부르게 했다. 일본 역사에 관한 영화를 봐야 했다. 황국신민맹세도 외워야 했다. 식사라고는 하루 밥 두 공기에 단무지 3조각, 국 한 그릇이 전부였다.

"전장터로 나가는 군인들을 위한 환송행사가 연일 벌어졌어요. 함경도 출신 젊은 가수 하중선 씨의 공연이 지금도 기억에 생생합니다. 종전 후 귀국해 우연히 희극배우 김희갑 씨를 만난 적이 있어요. 하중선 씨에 대해 물으니 잘 아는 사람이라며 눈시울을 붉히더라고요."

어느덧 해가 바뀌어 소녀는 열다섯 살이 되었다. 소녀는 그해 남양군도로 향하는 미도마루라는 이름의 배에 실렸다. 미도마루는 세찬 바람과 파도에 흔들렸다. 지독한 멀미로 고생을 해야 했다. 배멀미에 울고 부모님 생각에 울어야 했다. 사람들은 자주 눈물을 보이는 소녀를 '나미짱울보'라고 놀렸다. 이름은 '교모도 마이꼬'로 창씨개명을 해야 했다.

하룻밤을 자고 나니 어디서 왔는지 6척의 배가 함께 항해하고 있었다. 알고 보니 한국 징용공들을 태운 배였다. 일본군 전투함이 양쪽으로 호위하고 있었다.

사흘째 되는 새벽녘, 미군 잠수함의 어뢰 공격을 받았다.

배가 기울면서 침몰하기 시작했다. 구명조끼를 입은 군인들이 바다로 뛰어내렸다. 소녀와 김말순 씨, 이금옥 씨 등도 구명조끼를 입고 바다로 뛰어내렸다. 공포 속에 바닷물을 삼키며 허우적대야 했다. 군인들이 뗏목을 타고 돌아다니면서 일행을 구조했다. 소녀도 가까스로 목숨을 건질 수 있었다.

미군 잠수함의 공격이 멎었다. 일본군 비행기가 저공 선회하면서 '걱정 하지마라, 구조대가 곧 올 것이다'하는 방송을 해댔다. 구조선박이 도착했다. 일행 중 두 사람의 모습이 보이지 않았다. 서로를 위로하면서 언니 동생 하며 지내던 그들이 비참하게 수장되고 만 것이었다. 한참을 선상바닥에 주저앉아 눈물을 쏟았다.

생사의 고비를 넘나든 끝에 팔라우에 도착했다. 배는 말라칼 부두 해군기지에 접안했다. 배에서 내린 일행은 코로르병원으로 끌려갔다. 코로르 섬에는 주위 섬들을 통제하는 일본군 남양청과 남양사령부가 있었다. 각 섬의 의약품들을 코로르병원에서 공급했다. 병원에는 이미 일곱 명의 한국 여성들이 일을 하고 있었다. 소녀 일행보다 2년 앞서 온 분들이었다. 그들이 조심스레 전하는 이야기에 일행들의 안색은 하얗게 변했다. 이곳으로 끌려온 여성들은 대부분 낮에는 간호원으로 병원에서 근무하고, 밤에는 고사포부대에서 위안부로 성적 유린을 당하고 있다는 것이었다.

50여 년 전의 일을 회상하는 강 할머니의 눈에 물기가 어렸다. 할머니가 일했던 병원과 고사포부대를 찾아보기로 했다. 할머니가 기억하는 병원은 내가 일전에 들은 적이 있던 곳이었다. 아리랑식당에서 불과 50m 정도 떨어진 곳이었다. 지금은 팔라우 커뮤니티 칼리지Palau Community College가 들어선 곳이었다. 학교에 도착해 행정실을 찾았다. 유족회 관계자가 방문 목적을 학장에게 설명했다. 곧바로 학교를 둘러봐도 된다는 허락이 떨어졌다.

세월이 흘러 병원 흔적은 아예 찾아볼 수도 없었다. 병원이 있던 자리엔 학장실과 학교 행정사무원, 교수 연구실로 채워져 있었다. 미군 공습 때 대피를 했다는 지하로 내려가 보았다. 폭 10m 정도의 좁은 공간이었다. 빗물이 들어와 고인 지하에 개구리들이 옹기종기 모여 있었다.

학교를 둘러본 뒤 고사포부대 자리를 찾아보기로 했다. 강 할머니가 병원 근무를 마치고 끌려갔던 곳이었다. 할머니가 기억을 더듬는 듯 두리번거렸지만 방향을 찾지 못했다. 방향을 찾으려 했지만 기억이 희미한지 두리번거리며 멈칫거렸다. 할머니의 기억을 돕기 위해 내가 거들었다.

"저 밑으로 내려가면 삼거리가 있습니다. 거기서 어느 방향으로 갔는지 기억을 더듬어 보시지요."

"아마 남쪽이었던 것 같아요."

삼거리에서 남쪽으로 600m 정도 지나면 지금도 중간 진입로 양쪽으로 높이 2m, 폭 40~50cm 콘크리트 기둥이 남아있다. 일본군 고사포부대 위병소의 흔적이었다. 오랜 세월이 흘렀는데도 잘 보존되어 있다.

할머니가 두리번거리며 당시 부대 내 위안소 위치를 기억해 내려 했다. 하지만 반세기의 세월이 흐른 뒤였다. 고사포부대 자리엔 도로가 나고 박물관과 주택들이 들어서 있었다. 아쉽게도 위안소 자리는 세월의 흐름과 함께 지워지고 난 뒤였다.

그러나 할머니의 기억은 지워지지 않은 채 생생하게 남아있었다. 할머니가 감정을 추슬리려는 듯 숨을 가다듬었다.

할머니의 증언이 이어졌다.

"일본군들은 위안부들을 성적 욕구를 채우는 도구로 취급했습니다. 일본군들의 성적 노리개가 되는 걸 거부도 해 봤지요. 하지만 소용이 없었어요. 저항하고 발버둥 치면 엉덩이를 칼로 찌르기까지 했습니다. 아예 팔다리를 묶고 때려 실신시킨 뒤 몇 명이 번갈아 가면서 몸을 범했습니다. 정신을 차려 깨어보면 온 몸이 피투성이였어요. 아랫도리가 찢기고 파열되어 피가 낭자했습니다. 심한 출혈과 신경마비로 몸을 움직일 수 없었어요. 음식도 넘기지 못할 정도였답니다. 하루하루가 지옥이었어요. 혹시 임신이라도 할까 불임주사까지 강제로 맞아야 했습니다. 아랫도리가 아프다고 하면 연고 하나만 달랑 던져주더라고요."

할머니의 눈가에 이슬이 맺혔다. 죽고 싶어도 죽을 수 없었던 지옥 같은 삶을 4년이나 어떻게 견뎌 내셨을까. 천인공노할 죄를 지은 일본은 여전히 사과다운 사과조차 제대로 하고 있지 않다는 생각을 하니 분노가 일었다.

다음 날 아침 마라칼 부두를 출발한 일행은 KB다리를 건너 아이라이주로 향했다. 전쟁 당시 부상자들을 치료하던 병원을 찾아보기로 한 것이다. 콘크리트 2층 건물은 당시 폭격으로 망신창이가 된 모습 그대로 남아있었다. 부서진 기관총과 전차도 고스란히 보존돼 있었다.

아이라이주를 지나 아이미릭주를 통과하는 오른쪽 길가에 일본군이 쓰던 차량들이 군데군데 널려 있었다. 팔라우는 담 없는 태평양전쟁 박물관이라고 할 수 있었다.

산등성을 오르니 코로르 시내가 한눈에 펼쳐졌다. 내리막 길을 따라 나팡주로 들어섰다. 일본인 농장들이 들어서 있었던 야마도 무라와 아사이 무라를 찾았다. 태평양전쟁 당시 약 3만 명의 일본인과 팔라우 원주민 8,000여 명이 살고 있던 곳이다. 지금은 현지인이 살고 있었지만 작은 농장들은 옛 모습을 잘 보존하고 있었다.

조선인 징용공들이 강제노역을 했던 장소가 바로 이곳이었다. 당시 조선인 징용공들은 1,500~2,000여 명 정도인 것으로 알려져 있다. 그들 중 수백 명이 힘든 노동과 질병과 미군의 폭격 등으로 인해 목숨을 잃었다. 그러나 이들 희생자들에 대한 흔적은 어디에도 남아 있지 않았다. 코로르 시내로 돌아오는 길에 할머니가 말씀하셨다.

"죽기 전에 일본의 만행을 세계에 알릴 것입니다. UN에도 알려야 합니다. 일본의 진정어린 사죄를 받아내야 합니다. 이러한 역사적 사명은 나 혼자만이 아닌 모든 국민과 함께 힘을 모아야 합니다."

짧은 답사 일정이 끝났다. 다음날 부두에서 강 할머니 일행을 배웅했다. 할머니는 이별이 서운한 듯 배가 수평선으로 사라져 보이지 않을 때까지 우리를 향해 손을 흔들었다. 아픈 만남이었다. 지금도 그때를 생각하면 할머니가 들려주신 이야기에 가슴이 저려온다. 불쑥불쑥 뜨거운 피도 함께 솟구쳐오른다.

8.15 특집 방송 '망각의 세월'

1987년 4월 말경이었다. 대구MBC에서 광복절 기획특집 취재차 팔라우를 찾았다. 태평양전쟁 당시 위안부와 징용공과 학병으로 끌려와 희생을 한 우리 동포들의 이야기를 다루는 특집이었다. 손양덕 PD와 김용철 카메라맨을 마중하러 공항으로 갔다. 드라마 제작에 필요한 웬만한 장소나 스토리들은 한인 부회장인 내가 사전에 준비해 두었다. 2차대전 당시 일들을 증언해 줄 증인들을 섭외해 두었다.

팔라우는 340여 개의 섬으로 이루어진 나라다. 남북으로 길게 뻗어 있는 팔라우는 크게 바벨다옵, 코로르, 페렐리우, 앙가우르섬과 작은 산호 환초인 카얀겔, 응게루안겔, 록아일랜드 등으로 구성돼 있다. 태평양전쟁 당시 팔라우는 일본 해군과 육군사령부가 주둔해 있었다.

일단 팔라우 중심지인 코로르 시내를 기점으로 차근차근 촬영키로 했다. 먼저 위안부 이야기를 풀어나가기로 했다. 당시 일본군 군속으로 일했던 이들을 수소문했지만 쉬운 일이 아니었다.

한국인 2세 노블 킹을 만났다. 일본인으로 팔라우에서 눌러사는 노인들까지 만났다. 먼저 위안부들이 기거했던 술집을 카메라에 담았다. 징용으로 끌려왔다가 사망한 태군만 씨의 비석도 촬영했다. 그 비석에는 소화昭和14년 10월 11일 사망과 조선인 친목회라고 쓰여 있다.

코로르에서 취재를 끝낸 일행은 나팡으로 장소를 옮겼다. 아직도 군데군데 전쟁의 상흔인 철골이 발견되는 곳이다.

다음날 배를 타고 미군과 일본군 간 격전지인 펠렐리우를 찾았다. 그곳에는 태평양전쟁 당시의 녹슨 일본군 전차와 포들이 여전히 굴속에 거치되어 있었다. 여기저기 전쟁의 흔적을 확인한 취재진은 놀라움을 감추지 못했다.

펠렐리우는 당시 미군의 포격으로 나무 한 그루 남아있지 않았다고 했다. 처음 미군 1개 사단이 상륙작전을 펼치려 할 때 엄청난 사망자와 부상자가 발생했다. 미군은 일단 후퇴 후 전력을 재정비해서 해상에서 함포를 쏘아댔고, 일본군은 동굴 속에서 상륙하는 미군 병사를 향해 총포를 쏘아댔다. 양측의 피해가 어마어마했다. 당시 일본군사망자 수는 9,600여 명이었다. 미군 사망자도 1,700여 명 정도였다고 한다.

피비린내 나는 전투 끝에 섬을 점령한 미군은 맨 먼저 일본군이 저항하던 동굴을 불도저를 이용해서 흙으로 덮어버렸다. 일본군들은 '천황폐하 만세'를 부르짖으며 동굴 속에서 자결했다. 미국은 전쟁 후 전승비를 세웠다. 매년 7월 27일이 되면 펠렐리우 탈환 기념식을 개최한다.

우리 동포들의 희생도 많았다. 그러나 해외동포위령사업회에서 희생자 열아홉 명을 확인했지만, 시신은 단 4구만 수습했다. 그래도 다행히 이분들은 현재 멜게옥주에 안장되어 있다. 지금까지도 무연고자 실종자의 유골은 수습하지 못하고 있다. 얼마나 안타깝고 가슴 아픈 일인가?

아직까지 전쟁터에 징용공과 위안부로 끌려와 죽어간 영혼들을 달래지 못하고 있는 것이다.

팔라우에는 '아이고 다리Meyuns Causeway'라는 이름의 다리가 있다. 코로르 시내에서 미연스를 연결하는 다리다. 한국 징용자들이 다리를 만들 때 얼마나 힘들었던지 "아이고 아이고!" 소리를 질렀다고 해서 붙여진 이름이다.

지금도 팔라우 바닷가 동굴에는 '어머니가 보고 싶다'라고 벽에 새겨진 글귀가 남아 있다. 누가 감히 그들의 억울하고 애틋한 심정을 이해할 수 있을까?

한국항공우주연구원
팔라우 위성추적소 건립

한국항공우주연구원KARI은 한국우주산업을 합리적으로 지원·육성하고 항공우주과학기술을 효율적으로 연구·개발하기 위한 목적으로 1989년 10월 설립된 정부출연연구기관이다. 2012년 KARI는 인공위성궤도 추적에 용이한 해외 추적소 구축을 계획했다. 기초조사를 거쳐 필리핀과 팔라우 두 곳이 후보지로 떠올랐다. 정치외교적 관계와 안전 문제 등을 두루 비교한 끝에 팔라우가 최종후보지로 결정되었다.

KARI에서 나에게 접촉을 해왔다. 팔라우 사정을 모르니 협조를 해 달라는 요청이었다. 고국의 항공우주산업개발을 위한 일이었다. 대한민국 국민의 한사람으로 적극적으로 돕겠다는 의사를 전했다.

우선 추적소가 들어설 수 있는 땅을 물색해야 했다. 나는 팔라우 토지중개사 자격을 지니고 있었다. 여러 장소를 둘러봤다. 레지나 메세베루 부인이 소유한 땅이 적지라는 판단을 했다. 전파 탐지추적 테스트를 하니 전혀 문제가 없었다. 나와 메세베루 부인은 평소 친분을 나누던 사이였다. 나는 메세베루 부인과 팔라우 토지법원Land court를 드나들면서 추적소 건립 작업을 진행시켰다.

KARI의 센터장인 이효근 박사와 동료 김동현 박사가 팔라우로 왔다. 이 센터장에게 팔라우 정부 무선통신 과장 조너선 테몰을 소개해 주었다. 양측이 의견 조율을 시작했다. 핵심은 팔라우 법이었다. 팔라우와 미국 간 체결된 자유협정 내용에 위배되지 않는지도 알아봐야 했다. 법적 문제가 쉽게 결론이 나지 않았다.

2012년부터 3~4년 동안 김동현 박사가 팔라우를 여러 차례 찾았다. 나와 함께 나팡주 정부와 팔라우 정부를 방문하면서 무선취급 허가 문제를 조율했다.

팔라우 국무부에서 '외교상 절차에 따라야 한다'면서 필리핀 한국대사관을 통해 추적소 건립에 관한 공식 외교 문건을 요청했다. 한국대사관이 해당 공문을 팔라우 국무부에 보냈다. 테몰 과장이 공문 도착 즉시 절차를 밟았다. 국무장관에 이어 대통령의 최종결재가 떨어졌다.

하지만 허가가 완전히 마무리가 된 게 아니었다. 팔라우는 지방자치가 아주 발달한 나라였다. 중앙 정부뿐 아니라 주 정부와 의회의 허가까지 얻어야 했다. 나는 제시 이아르 주지사와 에드인 아루랑주 의회 의장을 여러 차례 만나 간곡하게 설득했다. 추적소에서 발생하는 전파로 인해 아무런 피해도 발생하지 않는다는 사실을 과학적 근거를 들어가면서 설명했다.

마침내 주 정부와 의회의 허가를 얻을 수 있었다. 2017년 2월 8일, 대지계약이 완료되었다. 지금까지 40여 년간 팔라우에 살면서 정관계 인사들과 맺어온 끈끈한 인간관계 덕분이었다.

공사 입찰 과정에 많은 팔라우 회사들이 참여했다. 하지만 추적소 공사는 단순한 공사가 아니었다. 일정 수준 이상의 건축기술을 필요로 하는 공사였다. 현지 회사들이 결국 손을 들고 말았다. 한파건설이 재입찰 과정에서 낙찰받았다.

부랴부랴 부산에 있는 전문 업체 '가원 설계사'를 에이전트로 계약했다. 자재구매도 여러 회사 제품의 품질을 꼼꼼하게 비교한 후 구입했다. 또한 원활한 공사 진행을 위해 전남 고흥군 봉래면 나로우주센터를 두 번씩이나 방문해서 정찬걸 선임기술원과 상담하고 자문을 얻기도 했다.

어렵사리 준공을 마쳤다. 모두가 놀랐다. 발주처들이 '과연 한파건설이 공사기일 내에 완료할 수 있을까' 내심 걱정을 했다고 털어놓을 정도였다.

공사를 진행하는 내내 회사의 이익보다 국익과 국위선양을 위해 일한다는 각오로 구슬땀을 흘렸다. 한국인희생동포추념비를 건립할 때와 같은 심정이었다. 오직 조국을 사랑하는 마음으로 팔라우 항공우주원 추적소를 완공했다.

2019년 11월 7일, 해외 출장으로 팔라우 대통령은 불참했지만 비서실장, 각 부 장관, 국회의원 그리고 미국, 일본, 대만 대사관 외교관들과 팔라우 국민, 한국교민 등 많은 분들이 참석해 성황리에 준공식을 가졌다.

준공식에서 박정주 항공우주연구원 부원장이 빌리 코테이 팔라우 국무장관과 제시 이아르 나팡 주지사, 그리고 한파건설 대표인 나에게 감사패를 주었다. 다른 어떤 상보다도 귀한 상이었다.

자랑스러운 팔라우 교민들

팔라우는 세계에서 가장 아름다운 나라 중 하나다. 순박한 사람들이 사는 땅이다. 나는 원양어업 종사자로 삼대양을 다 돌아봤다. 하지만 팔라우에 첫발을 내디디며 연신 감탄했다. 이렇게 아름답고 깨끗한 풍광은 세계 어디서도 보지 못했기 때문이다. 사람으로 치자면 첫눈에 홀딱 반하고 만 것이다. 팔라우에 홀딱 반한 한국인은 나뿐이 아니다.

김승 씨는 나보다 팔라우에 먼저 정착했다. 제2차 세계 대전 직후 농업이민으로 팔라우 땅을 밟았고 팔라우 여인과 결혼했다. 앞에서도 이야기한 내용으로 김승 씨는 미 군정의 인구조사 과정에서 킹으로 성이 바뀌었는데 내가 처음 팔라우에서 사업을 시작할 때 큰 도움을 받았던 노블 킹이 바로 그의 아들이다. 1984년 한파개발 설립 당시 나는 노블 킹 부부를 무상주주로 등재했다.

이우형 씨는 팔라우에서 정비공장을 운영하고 있다. 중학교 시절부터 시작한 태권도로 몸이 아주 단단하고 날렵한 사람이다. 군 복무 시절 박정희 대통령 경호요원으로 차출되기도 했다. 나처럼 월남전에도 참전했다. 퀴논헌병대에 근무하다 현지에서 전역했다. 차량정비 경력으로 군수물자를 수송하는 한진 상사 정비부에 입사했다. 팔라우로 건너온 그는 킹스 엔터프라이시스 정비공장에서 한동안 일했다. 이후 이우형 씨는 한파가 건축한 차량정비소에서 한파의 주주였던 아기오 명의로 AA정비소를 운영하기 시작했다. 그는 한인회장과 평통자문위원을 지냈다. 큰 욕심 없이 외길로 정비사업에 전념하고 있다.

임상원 씨는 한파산업개발의 모체인 아리랑식당 주방장으

로 근무했다. 경주호텔 전문대학에서 식품요리를 전공했다. 서울 외신기자클럽 외식부에 근무하다 아리랑식당으로 왔다. 뛰어난 요리 실력으로 현지인과 외국관광객들의 입맛을 사로잡았다. 특히 점심 뷔페 시간에는 손님들이 줄을 설 정도였다. 그가 현재 운영하는 궁정식당은 팔라우에서 제일 유명한 식당으로 명성을 떨치고 있다. 2021년부터는 한인회장직을 맡고 있다.

박요셉 씨는 1992년 말 한국에서 사업을 하다 팔라우에 오게 된 경우다. 단국대학교 영화연극과를 졸업하고 문화관련 사업을 하던 사람이다. 한파가 1990년 설립한 태평양관광회사에서 지배인으로 근무했다. 2010년 KSP건설 매니지먼트회사를 설립했다. 지금은 한국에서 조립식 자재를 수입해 주택개량 사업을 운영하고 있다.

이들 모두 팔라우와 사랑에 빠진 사람들이다. 오손도손 서로를 배려하고 의지하면서 살고 있다. 가족이나 마찬가지로 서로 간 정이 깊다. 팔라우에 한국인의 혼을 심었다는 자부심까지 공유하고 있다.

민주평화통일문화대전과 한글학교

2001년 7월11일, 제10기 민주평화통일자문위원회가 필리핀에서 열렸다. 위원회는 이날 동남아지부협의회 소속 8명의 자문위원으로 필리핀지회 출범식을 가졌다. 2002년 8월 10일, 필리핀 한글학교에서 첫 번째 '통일글짓기대회'를 개최했다. 대회는 이세채 지부장과 장병천 간사가 맡아 진행했다.

팔라우는 2003년 제11기 때부터 참여했다. 이때부터 나는 필리핀 지회 소속 팔라우 자문위원 역할을 맡았다. 내가 평화통일 자문위원으로서 처음으로 참여한 대외적인 문화행사였다. 팔라우 한글학교 학생 전원이 참가했다. 고등부 박혜정 학생이 백일장 부문에서 최우수상을 받았다. 김도현과 김지원 학생은 장려상을 수상했다.

작은 섬나라에서 자란 친구들이 이룬 쾌거였다. 2005년 4회 대회 때도 김도현 학생이 산문 부문에서 장려상을 탔다. 2006년 5월, 5회 산문 부문에서 고등부 정에스터와 일반부 심강열 씨가 장려상을 수상했다. 2017년 5월, 16회에는 고등부 하성민 학생이 산문부문 장려상을, 2018년 17회 때도 초등부 하태경 학생이 창작 만화부문 장려상을, 김용서 학생이 고등학교 산문부문 장려상을 탔다.

2018년에는 민주평통자문위원회 본부 주최로 평창 동계올림픽 기간 중 해외 거주 고등학생들을 위한 수련회를 열었다. 고국에서 올림픽 경기를 관람하면서 보고, 느끼고, 얻은 내용으로 컴퓨터 프로그램을 만드는 경연대회도 열렸다. 이 대회에서 팔라우 한글학교 고등부 졸업반 한다연 학생이 대상을 수상했다.

팔라우 교민 가정의 고등학교 졸업생은 한 해 2~3명뿐이다. 한글학교 출신인 이들은 대부분 연세대, 성균관대, 이화여대, 숙명여대, 서울여대, 한동대 등 고국의 좋은 대학에 진학한다. 또 미국과 호주, 뉴질랜드, 캐나다 등지의 일류대학으로 진학하는 친구들도 있다.

〈삼팔선을 넘어서〉라는 박혜정 학생의 시를 옮겨 본다.

하늘은 하나인데 땅은 둘로 갈라지어
사랑하는 사람들이 헤어짐에 슬퍼하네
서로 그리움을 바람에 실어

이쪽저쪽 가족에게 전하여 줄 때면

마음도 함께 날려 보내기에

가슴까지 텅텅 비었네

언제가 이 땅이 하나가 되면

그때는 핏줄도 하나가 되어

한국인 가슴속 한구석에

민족의 자존심이 다시 또 살아나고

몇 번씩 날려 보낸 마음을 주고받고 받아

우리의 가슴속은 또다시 하나로 불타오르리라.

나는 팔라우 교민들의 이익을 위해서도 애를 썼다. 한 가지 좋은 예가 있다. 당시 사이판과 같은 다른 지역에서는 장기 해외생활 교민 자제들이 병역 혜택을 받고 있었다. 팔라우는 그런 혜택을 받지 못하고 있었다. 교민 수가 적다는 이유에서였다.

이래서는 안 되겠다는 생각이 들었다. 한인회가 본격적으로 나섰다. 먼저 다른 지역과의 형평성 문제를 제기했다.

1992년 2월 팔라우 한인들을 대표해 괌 총영사관을 통해 노태우 대통령 앞으로 공식 건의를 올렸다. 답변이 없었다.

다시 대통령께 상신하여 그 결과 대한민국 정부의 재가가 떨어졌다.

제2국민으로 편입된 교민이 5년 이상 타국 체류 시에는 자녀들이 한국에 귀국할 때까지, 또는 35세가 될 때까지 병역을 면제받도록 한다는 내용이었다.

그 법안은 지금까지 유지되고 있다. 지난 일이지만 해외에 진출하는 투자자 자녀들의 진로 문제를 해결했다는 마음에 지금도 뿌듯함을 느끼고 있다.

① 팔라우 한인 교회 예배
② 존슨 토리비옹 대통령이 그림산 미션 댄싱팀 출연진들에게 감사를 표하다
③ 그림산 미션 댄싱팀 공연
④ 그림산 미션 댄싱 공연팀과 관객들

5장

신앙심은
나의 힘

믿음으로 하나 되어

PALAU

마음 가는 대로
믿음을 갖다

어머니는 독실한 불자이셨다. 일편단심 가정과 자식이 잘되기를 바라며 불공을 드리셨다. 동지섣달 추운 겨울에도 새벽에 찬물로 목욕을 하고 정화수를 떠놓고 기도를 올리셨다. 탁발하는 스님을 그냥 보내 드리는 일이 없었다. 꼭 쌀 한 바가지라도 내주시던 어머니였다. 특히 부처님 오신 날에는 연례행사처럼 가까운 사찰을 찾으셨다. 남들보다 더 큰 등을 달 정도로 불심이 강했다.

나도 자연스럽게 불자가 되었다. 국민학교 시절에 천수경을 암송했다. 어머니께서 천수경을 암송하면 건강하고 복이 온다고 말씀하셨기 때문이다. 어머니의 간절한 기도와 나의 천수경 암송 덕분인지 집안에 우환이 없었다. 월남전에 파병되었을 때도, 자식의 안녕을 비는 어머니 정성으로 전쟁터에서 상처 하나 없이 귀국할 수 있었다고 믿는다. 나보다 늦게 월남에 파병된 형님도 무사히 귀국했다. 부처님의 자비 때문이라고 생각했다. 나의 불심은 더욱 깊어졌다.

독실한 불자였던 나는 어떻게 기독교 신자가 되었을까. 팔라우에서 한인회가 결성될 때쯤으로 기억된다. 모태신앙인 인 한국의 한 교회 집사인 차동균 씨가 사업차 팔라우를 방문했다. 신앙이 깊었던 차 집사는 자신의 집에서 기독교 신자들을 모아 놓고는 예배를 드렸다. 괌에서 목회를 하고 계신 조환 목사가 이 소식을 들었던 모양이었다. 조 목사가 팔라우 엠마우스 교회의 찰스 목사와 빌리코테이 목사에게 도움을 청했다. 이후 차 집사와 교인들은 엠마우스고등학교의 한 교실을 빌려 예배를 드릴 수 있었다. 엠마우스 한인교회가 탄생한 것이다.

1990년경에 사업차 한국을 방문했을 때 어머니를 뵙고 말씀드렸다.

"어머니, 제가 예수교를 믿으면 안 되겠습니까? 제가 팔라우 한인회장을 맡고 있는데 교회에 나가지 않고는 단합이 어렵습니다."

"내가 정화수를 떠놓고 비는 것은 너희 모두가 잘되라고 하는 것이다. 너의 마음 가는 대로 믿음을 가져도 좋다."

그 무렵 한국에서 동남아 일대를 돌며 목회를 하는 선교협회가 결성되었다.

한나호라는 배로 선교 활동을 시작한다는 소식이었다. 한나호는 1989년 어느 독지가가 원양어선을 개조해 활용할 수 있도록 후원한 선박이었다. 필리핀과 인도네시아, 태국, 말레이시아 등을 돌며 복음을 전했다.

1990년대 중반, 팔라우에도 한나호가 입항했다. 한나호는 한번 입항하면 1~2개월 정도 선교활동을 했다. 한나호는 선교와 함께 의료활동도 펼쳤다. 앉은뱅이 환자가 침술 치료를 받은 뒤 다시 걷게 되는 사례도 있었다. 기적이라는 말들이 돌았다. 주일 예배에 신도수가 늘기 시작했다.

빠듯한 예산으로 움직이는 선교사들의 고생이 이만저만이 아니었다. 또 내 오지랖이 발동했다. 한인회장이자 뒤늦게 주님을 영접한 교인의 직분으로서 선교사들의 고생을 보고만 있을 수는 없었다. 팔을 걷고 선교사들의 일을 도왔다. 선교단장인 박수진 목사로부터 다음과 같은 감사의 편지를 받기도 했다.

지구촌 무공해 지역 중 하나로 꼽히는 팔라우로 향했다. TV에서나 볼 수 있는 진귀한 돌핀스의 자맥질 환영 쇼를 즐기느라 잠시 항행속도를 늦춘다. 멀리 팔라우가 보인다. 근해에 접근하니 돌핀들은 아쉽게도 등을 돌려 깍듯이 인사(?)를 하고 방향을 틀었다.

점점 가까워지는 팔라우 항구, 파란색과 녹색으로 구분되는 물결이 마치 호수같이 잔잔하다. 청정해역 수면 아래에는 형형색색 산호 밭이 장관을 이루고 있다. 잠망경으로 황홀한 해저 모습을 살피던 선교단은 4박5일 거친 파도로 지친 모습은 온데간데없이 모두가 환호성을 내질렀다.

마라칼부두에 접안했다. 정부 관계자와 교포들, 선교사들, 그리고 성도들의 뜨거운 환대가 있었다. 언제 어떻게 사나움을 쏟

아낼지 모르는 파도를 헤집고, 해양선교라는 미로와 같은 길을 헤쳐 온 한나호 선교단을 위한 대대적인 환영에 모두들 함박웃음을 지었다. 한국교회 하승욱 목사님과 사모님, 하순섭 회장님, 공영애 권사님, 충직한 차동균 집사님과 자제분, 궁정식당 유행남 집사, 중국인 교회의 한국인 선교사, 이홍원 목사님과 김숙자 사모님, 그리고 성도님들, 모든 분들의 정다운 환대에 항해에 시달린 피로를 일순간에 잊을 수 있었다.

성심으로 선교활동을 펼쳐나갔다. 이런 가운데 선교선의 치료 사례가 입소문이 나면서 환자 수가 자꾸만 늘어났다. 허리가 아픈 83세, 86세 할머니가 서너 차례 시술 뒤 찾아오지 않아 수소문했더니 허리가 나아 지팡이 없이도 집안일을 하고 있다고 했다. 30대 중반 어느 부인은 허리통증으로 아기도 보살피지 못했는데, 단 한 번 시술로 아기를 안고 집으로 돌아가기도 했다. 한나호 의료선교단은 4개월도 되지 않아 5백여 명이나 되는 환자를 100% 가까이 치료했다.

세월이 흘러 500톤에서 1,500톤 가량으로 선교선 선폭이 늘어났다. 340여 개 섬 중 최남단인 토비 손소로 등지에 몇 명이 상주하고 있는 주민들을 위해, 5박 6일간 대통령을 포함한 40여 명의 각료들과 주민, 그리고 한인들을 승선시켜 해상국토순방에 오르기도 했다. 경비는 정부가 부담을 했지만 선내에서 예배도 함께 드리고 낚시도 즐겼다. 2m나 되는 큰 물고기에 5백 년을 산다는 거북이도 잡고, 생선 요리를 함께 즐기기도 했다.

2009년 11월경 한국으로 귀항할 때다. 십 년 가까운 세월 동안 필요한 자재와 식료품을 후원해 왔던 한파마트와 한파자재상에서 마지막 출항 전에도 1,000만 원 상당의 쌀과 식품을 후원해 주었다.

2003년경 한파 하순섭 회장께서 이미 100주년을 기하여 한국을 빛낸 100인에 선정되었다. 부산문화방송으로 그의 다큐멘터리 <팔라우의 작은 신화, 하순섭>를 시청했다. 이 또한 우리 선교사업에 커다란 보탬과 힘이 되었다.

귀국 중 북위 25도선을 통과하며 작은 태풍을 만나 60여 명 선교사들이 녹다운되기도 했다. 난장판이 된 채 태풍의 영향권을 빠져나올 때까지 지옥 항해를 감당하던 두 개의 쌍 기관 중 하나가 고장이 나 속력을 절반으로 줄이기도 했다. 모든 사람들이 기도하는 가운데 하나님의 보살핌으로 무사히 한국에 도착할 수 있었다. 고맙고 감사하고 모든 분들께 은총이 내리시길 기도드린다.

세상 모든 일들이 만사형통으로만 가지는 않는다. 엠마우스 교회의 건물을 한인교회가 사용하게끔 주선한 합동교단의 조환 목사와 노회장을 지낸 통합교단의 이대영 장로 간 갈등이 불거지기 시작했다. 이 장로를 따르는 교인들이 교회에 가는 일이 불편한 정도로 갈등이 악화되고 말았다.

결국 한인교회가 둘로 갈라져서 한쪽 교인이 유리되고 있었다. 엠마우스 한인교회에서 갈라져 나온 새 교회의 이름은 팔라우 한국교회로 정했다.

팔라우 한국교회를 위한 새로운 예배 장소가 필요했다. 누구도 뾰족한 해결 방안을 내놓지 못했다. 결국 나의 오지랖이 작동했다. 한파건설에서 당시 국회의원이자 현재 국회 하원의장인 샤비노 아나타시오의 건물을 지으면서 공사 대금 잔금으로 1만 2,000달러가 남아 있었다. 아나타시오가 자신의 건물을 나에게 임대하겠다는 제안을 해 왔다. 매달 임대료로 5백 달러씩 공제해 나가자는 것이었다. 천주교 계통의 고등학교 때부터 세례를 받은 아내와 상의했더니 대찬성이었다. 곧바로 그 집을 임차해서 이 장로 측 교인들의 예배 장소로 제공했다.

1993년 팔라우 한인교회의 이대영 장로는 타이완에서 선교하던 이홍원 선교사를 목사로 모셔 왔다.

　　2년이 지나면서 아나타시오 건물의 임차도 만기가 되었다. 또다시 새 예배장소를 찾아야 했다. 아이라이주 공항 인근 대로변에 있는 한 창고를 빌렸다. 여기서는 한인과 중국인이 함께 예배를 드렸다. 한국말을 중국말로 다시 통역을 하는 목회였다. 그러니 자연 예배시간이 길어져 한국인 교인들 사이에서 불평들이 터져 나왔다. 또다시 이런저런 갈등과 반목이 생겨났다. 이홍원 목사마저 안식년으로 귀국을 했다. 그다음에는 한국에서 정상진 목사를 모셔 와 목회를 이어갔다.

　　그러는 차에 창고 예배처의 임차 기한이 끝났다. 그즈음 다행히 엠마우스 한인교회와 팔라우 한국교회 간 화해 무드가 조성돼 있었다. 두 교회는 다시 엠마우스 교회로 합치기로 했다. 팔라우 한국교회 교우들이 엠마우스 교회에서 함께 예배를 드리기 시작한 것이다.

　　하지만 엠마우스 학교의 사정으로 더는 예배를 드릴 수가 없었다. 한국인 교회 설립의 필요성이 커지고 있었다. 코로르주 추장이며 시장인 이베둘 기본스 씨에게 교회 대지 할애를 부탁했다. 그러던 중에 대통령 종교 비서관 존슨 목사의 대지를 교섭하여 1층은 그가 사용하고 2층을 교회가 사용하기로 하여 기울어진 대지에 자발적으로 개인자금으로 옹벽을 치고 메우려고 했었다. 하지만 그가 건물을 자기 이름으로 하자기에 교회를 짓는 것을 포기하고 다시 기도를 하면서 대지를 물색을 했다.

그러던 어느 날 아이라이주에 사는 경찰 CID범죄수사과 대장인 비슈어 가나이가 한파 건재상 사무실을 찾아왔다. 갑자기 재판 관계로 돈이 필요하다며 나에게 자기 땅을 빌려 쓸 일이 없느냐고 물었다. 지금의 미 대사관 옆에 있는 3,000여 m²의 땅이었다. 조금은 비탈졌지만 교회 대지로는 무난할 것 같았다. 그가 변심을 할까 봐 염려하면서 회삿돈 5,000달러로 서둘러 계약을 했다. 정상진 목사와 교인 몇 분이 답사를 해 보더니 모두 성전건축부지로 흡족한 땅이라고 했다. 마침 성전건축 대금으로 교회에서 2만여 달러를 준비하고 있던 터였다. 2003년 교회 건축을 시작했다. 내가 건축위원장을 맡았다.

교회를 준공한 뒤 안정적으로 예배를 드릴 수 있었다. 매주 토요일에는 한글학교로 이용했다. 정 목사와 국문과 출신인 사모가 한글과 한국문화를 가르쳤다.

정 목사는 2007년에 안식년 휴가를 맞아 미국으로 가게 되어 사임했다. 후임으로 중국에서 목회를 하다가 공안에 걸려 쫓겨난 최진길 선교사가 부임했다. 최 선교사는 1년 가까이 목회를 하는 중에 중국인 잔극검儋克儉을 주님께 영접시켜 나와의 만남이 이루어졌다. 그 후 최 선교사는 중국에 파송되어 선교하는 중에 장극검과 다시 만나게 되어 그를 목회의 길로 인도하면서 나에게 후원금을 부탁했다.

그런 연고로 믿음의 불모지인 중국에 복음의 씨앗을 싹틔우는 데 기름을 붓는 계기가 되었다. 그는 선교사가 된 후에 몸과 마음과 뜻을 다하여 주님의 종이 되겠다는 굳은 신념으로 불쌍하게 죽어가는 수많은 영혼들을 하늘나라로 인도하는 데 한 생명을 바치겠다는 뜻의 감사의 편지를 보냈고, 그것을 받은 나는 어떠한 상장과 상패를 받는 것보다 값진 보람을 느끼며 훌륭한 목회자가 되길 기도하면서 하나님께 감사함을 드렸다.

2006년 나는 장로가 되었다. 2008년 한국 신답교회를 통해 파송된 하승욱 목사가 지금까지 시무하고 있다. 하 목사가 올 때 신답교회 후원금을 두둑이 가져왔다. 그 돈으로 교회 선교관을 지었다. 하 목사는 지금까지 한국학교 교장을 겸하고 있다.

대낮의 하늘에 하나님의 계시가 펼쳐진 대한민국 지도, 민주평통 동남아 자문회의 출범

살다 보면 때론 믿기 어려운 신비한 경험을 체험하는 수가 있다. 나는 말로 설명하기 어려운 환시를 세 번이나 경험했다. 너무나 뚜렷하고 생생하게 겪은 일이었다.

첫 번째 계시는 2006년 11월 25일 토요일, 팔라우의 집에서 나타났다. 팔라우 한인교회에서 장로로 피택을 받은 뒤 장로시험 공부를 할 때였다. 집에서 오전에 성경 공부를 하고, 점심식사를 했다. 오후 2시경 회사로 가기 위해 집을 나설 때였다. 4층 집의 현관을 나서면서 자연스럽게 하늘을 쳐다보게 되었다. 삼팔선 이북에 깨끗한 하늘이 펼쳐져 있었다.

그때, 북한 지도의 모습과 똑같은 청색 모양의 구름이 나타나 있었다. 삼팔선 위쪽의 북한 지역만 선명한 청색 바탕에 두 겹의 흰 선이 둘러싸고 있었다. 지도의 크기는 어림으로 20m 길이에 10m 폭 정도였다. 중국 접경인 나진과 선봉지역 주변에는 뭉게구름이 자리 잡고 있었다. 삼팔선 이남은 지도도 없이 마치 장마철 회색 구름으로 뒤덮인 모습이었다.

나는 혼이 나간 사람처럼 구름을 바라보고 있었다. 몸을 움직일 수도 입을 열 수도 없었다. 2시간여 동안 하늘을 바라보고 서 있었다. 가사 도우미가 바로 옆에 있었지만 아무 말도 나오지 않았다.

하나님이 보여주시는 어떤 계시라 여겼다. 정신을 가다듬고 사진이라도 찍어 놓을까 생각할 때 나직한 성령님의 영음이 들렸다.

"모세가 하나님의 목소리를 들은 호렙산에 이르매, 여호와의 사자가 떨기나무 불꽃 가운데서 나타나시니라. 이에 내가 돌이켜 가서 이 광경을 보리라. 떨기나무가 어찌하여 타지 아니하는고 하는 동시에, 여호와께서 그가 보려고 돌이켜 오는 것을 보신지라. 하나님이 떨기나무 가운데 그를 불러 가라사대 모세야! 모세야! 하시매 그가 가로되, 내가 여기 있나이다. 하나님이 가라사대 이리 가까이하지 마라. 네가 선 곳은 거룩한 땅이니 너의 발에서 신을 벗으라."

순간 그저 기도를 올렸다. 사진을 찍을 엄두조차 나지 않았다.

두 번째 환시는 말레이시아의 한 호텔에서 겪었다. 팔라우의 신비한 경험 후 한 달쯤 후인 2006년 12월 22일, 사업차 쿠알라룸푸르에 갔을 때였다. 이번에는 잠든 밤에 환상을 통해 한반도 지도가 나타났다. 남북이 하얀색으로 하나가 된 통일된 한반도 지도였다. 지도 상단에 20자 정도의 이상한 문자가 쓰여 있었다. 아마도 히브리어나 헬라어가 아닌가 짐작했다.

세 번째 환시는 2007년 2월 2일 팔라우 우리 집에서 잠든 밤에 환상 중에 나타났다. 두 번째와 똑같은 하늘에 한반도 형상과 같은 구름이 나타났던 것이다. 그 놀랍고 신비한 충격은 지금도 가시지 않는다.

나는 기독교에 입문한 이후 김진홍 목사님의 설교를 자주 들었다. 한국에서 들여온 김 목사님의 설교 테이프를 틈날 때마다 들었다. 김 목사님의 말씀은 나의 믿음을 깊게 하는 데 큰 도움을 주었다.

세 번이나 되는 신비한 환시를 보고 난 이후 나는 매일 그 의미를 곰곰이 되새겼다. 아무리 생각해도 도무지 이해를 할 수 없었다. 김진홍 목사님께 영적 도움을 청하기로 했다. 먼저 내 신분을 소상히 밝혔다. 팔라우 한인교회의 정황과 목회를 돕는 활동도 구체적으로 서술했다. 평통자문위원인 내가 살아온 삶도 함께 적었다. 그런 다음 내가 겪은 계시와 영음을 자세히 설명했다. 그에 대한 영적인 해석과 조언을 부탁드렸다. 답이 오지 않았다. 두 번 세 번 연락을 드렸지만 역시 묵묵부답이었다.

2009년 8월 12일 제14회 민주평화통일자문회의 참석차 필리핀으로 날아갔다. 마닐라 마카티 만다린 호텔에 여장을 풀었다. 회의는 이날 오후 5시였다. 신임 서병원 회장 및 평통위원 80여 명을 비롯해 최중경 대사, 엄기성 공사, 대사관 관계자와 박일경 필리핀 한인총연합회 회장, 한덕우 고문 등 한인회 관계자와 단체장, 상사 지사장 등 100여 명이 참석했다. 현장의 열기는 뜨거웠다. 동남아협의회 회장이 인사말을 했다.

"정부의 대북정책을 적극 지지합니다. 통일운동 확산에 힘을 보태겠습니다. 무엇보다 교민들의 단합에 앞장서겠습니다."

이어 최중경 대사의 축사가 이어졌다.

"민주평화통일자문위원은 대통령이 임명하는 유일한 민간 고위직입니다. 위원들 모두가 자부심을 가져야 합니다. 지금 우리나라는 세계 10위권 선진국가 대열에 들어섰습니다. 통일이 된다면 인구 면에서나 경제적으로 세계 7위권 이상의 국가가 될 것입니다."

민주평통 동남아협의회는 필리핀과 베트남, 캄보디아, 홍콩, 대만, 팔라우 등 6개국 87명의 회원으로 구성된다. 협의회는 필리핀이 협의회 회장을 맡는다. 앞으로 2년간 협의회를 꾸려갈 간부진이 구성됐다. 박현모 전임회장이 고문을 맡았다. 나를 비롯해 홍콩의 김구환, 대만의 조정호, 베트남의 전대주, 필리핀의 이장일 등이 지회장으로 임명되었다.

자문위원들이 그룹별로 나뉘어 분임토의를 벌였다. 열띤 토론이 벌어졌다. 나는 2년 반 전 내가 체험한 신비한 환시를 이야기해 주고 싶었다. 하나님께서 나를 통해 우리 민족의 통일과 미래에 관한 메시지를 주신 것이라고 생각했기 때문이었다. 하지만 박현모 전임회장이 지금은 때가 아니라면서 만류했다. 환시 이야기는 빼고 나의 소견을 밝혔다.

"우리 평통자문위원들은 언제 어디에 있더라도 조국과 겨레의 평화와 번영과 발전을 생각해야 합니다. 70여 년간 분단의 아픔을 겪고 있는 조국의 평화통일을 위해 한마음 한뜻이

되어야 합니다. 거주국 주민들과도 선린 유대를 공고히 해야
합니다."

 민주평화통일자문회의는 1981년 6월 만들어진 평화통일
정책 대통령 자문기관이다. 대통령이 의장을 맡고 있는 헌법
기관이다. 팔라우처럼 교민이 100명도 채 안 되는 지역에서
는 자문위원을 쳐다볼 수도 없었다.
 그러나 알 수 없는 것이 세상의 일이다. 2003년 2월 팔라우
에서 아시아태평양의원연맹APPU 총회가 열렸다. 우리나라에
서도 서정화 의원과 하순봉 의원 등 여러 국회의원이 참석했
다. 그때 서 의원이 나에게 말했다.
 "하순섭 회장님, 팔라우 정부로부터 당신의 성공담을 들었
습니다. 당신 같은 사람들이 있기에 우리가 해외에 나와서도
어깨를 펼 수 있습니다. 정말 고맙습니다."
 서 의원이 보좌관에게 지시했다.
 "내일이 민주평통자문위원 등록 마감일입니다. 자문위원
명단에 팔라우 대표로 하순섭 회장을 서둘러 올리세요. 팔라
우는 작은 나라이고 교민 수도 적지만, 어엿한 유엔 회원국입
니다."

이리하여 팔라우에서도 민주평통 자문위원이 탄생했다. 이후 나는 2년 임기의 자문위원직을 11기부터 21기까지 계속 연임 중이다. 현재는 신창훈 씨가 민주평통 자문위원이며, 나와 최만성, 곽윤석 위원이 함께 활동하기도 했다.

그림산 미션 댄싱 팀
팔라우 공연은 하나님의 뜻

시편 150편 4절 '소고치며 춤추어 찬양하라'라는 말씀을 바탕으로, 공연을 통해 복음 전파를 위한 무용학교가 2006년 6월, 한국에서 설립되었다.

대외적 명칭은 그림산 미션 댄싱팀Keurimsan Mission Academy Worship Dancing Team이었다. 설립의 주된 이념은 세상의 문화와 명확히 분별되는 여성적 기독교 문화의 정립이었다.

한국교회 담임목사를 거쳐 퇴역 군인과 경찰관들에게 복음을 전하는 정상진 목사로부터 한팔 우호협회장인 나에게 연락이 왔다. 그로부터 무용학교와 댄싱팀의 선교활동의 공연에 대해 상세히 들은 후 팔라우정부에 상의하여 협조를 요청했다.

10명으로 구성된 아카데미 댄싱팀이 처음 팔라우에 선교 목적으로 2010년 4월경에 1차 선교활동을 했고 2011년 1월 말경에 재 방문하여 한국교회를 비롯해서 여러 현지 교회에 열정적인 공연을 펼치고 있던 중이었다.

　　코로르문화회관 공연을 앞두고 있던 댄싱팀의 그날 밤 공연은 지역교회가 아니라 팔라우 공화국 전 국민을 대상으로 하는 특별공연을 사전 계획했기에 일부러 이탈리아에서 수학한 안상영 성악교수가 합류하고 있었다.

　　이번 공연에는 특별히 대통령도 참석한다니 일반 선교 공연과는 격이 달라야 한다는 말들이 나왔다. 나름대로 짜임새 있는 프로그램 구성이 되어 있었지만 팔라우 전 국민을 대상으로 하는 공연으로는 뭔가 미진하다는 생각이 들었다.

　　옛말에 까마귀 날자 배 떨어지고, 궁하면 통한다는 말이 있다. 마침 서정대학교 총장과 제36회 한국방송대상 진행자 상을 수상한 개그맨 김종석 씨가 관광차 팔라우 PPR 리조트호텔에 묵고 있다는 말이 들렸다. 바로 '뚝딱이 아빠'로 불리며 EBS, 딩동댕 유치원과 개그맨과 개그작가로 2002년 한일 월드컵 개막식 등에 출연했던 유명한 방송인 김종석 씨를 섭외

하자는 의견이 오고 갔다.

사실 팔라우에서만 오래 살았던 나는 그를 잘 몰랐다. 급히 그의 프로필을 구해 살펴보았다. 대단한 분이었다.

개그맨과 개그작가로 여러 무대진행 진행경력이 5천회 이상으로 대중을 휘어잡으며 무대 운영능력이 탁월한 분이었다. 시간이 촉박해 바로 접촉을 했다. 김종석 씨에게 공연을 함께하면 한국과 팔라우 간 선린우호 관계 발전과 국익을 위해서도 좋은 자리가 될 것이라 부탁을 했다.

그러나 공연 당일인 2월 1일 저녁 7시 비행기로 출국해야 하는 일정이었다. 저녁 8시부터 시작되는 공연에는 함께 하기가 어렵겠다는 대답에 모두 힘이 빠졌다.

항공기를 놓치면 자동으로 티켓이 무효가 되기에 비행기 표를 재구입할 수밖에 없는 형편이었다. 모처럼 팔라우 전 국민들이 TV와 RADIO에서 댄싱 팀의 공연과 김종석 씨의 웃음과 재치를 함께 즐길 수 있는 기회를 놓치게 될 판이었다. 그림산 미션 댄싱 팀의 성공적 팔라우 공연을 기대하는 사람들을 생각하니 마음이 아팠다. 그때 갑자기 '합심하여 선을 이루는 것이 복음의 뜻이기에'라는 성경의 말씀이 귀를 때렸다.

그에게 말했다. "괌을 거쳐 일본으로 취항하는 비행기 표를 바로 예약하겠다. 경비도 한파산업개발에서 부담하겠다"하면서 진지하게 협조를 요청했다.

내 집요한 부탁에 김종석 씨가 웃으면서 쾌히 승낙을 했다.

그리고 나서 나는 댄싱팀의 공연이 성공리에 진행되게끔 정부의 적극적인 참여를 유도하려고 대통령과 정부 인사만을 위한 예정에도 없던 미니 공연행사를 댄싱팀에 제안하니, 빠듯한 시간 중에도 선뜻 받아주어서 점심시간 전에 한파 한국관에서 간단한 식음을 준비하고 그들을 초청하여 공연 일부를 연출하니 좋은 반응 보였다.

공연시간이 다가오며 많은 사람들이 앞다투어 몰려들었다. 공연에 앞서 내가 무대에 올라 댄싱팀과 출연진들을 소개했다. 주로 김종석 씨에 대한 이야기를 많이 했다. 그와 함께 하기 위해 억지를 부렸다고 말하는 대목에서는 청중들의 우레와 같은 함성과 박수로 천정이 떠나갈 것 같았다.

공연을 성황리에 마쳤다. 존슨 토리비옹Johnson Toribiong 대통령이 미션팀과 출연진들에게 감사를 표하며 "하나님의 은혜로 양국 간 선린의 깊은 유대가 이루어져 너무 기쁘다"라는 인사말을 했다.

이 일에서 보듯, 팔라우 사람들은 나를 '포기를 모르는 끈질긴 코리언 미스터 하'로 알고 있다. 하지만 조촐하면서도 짜임새 있고, 흥겹고도 진지한 공연과 함께하신 모든 분들, 이 모두가 하나님의 사전에 예비하신 인도였음을 나는 이미 알고 있었다.

2006년 장로 임직식

❶ 2009년 세계해양포럼에 참석한 존슨 토리비옹 대통령 일행과 망중한
❷ 한국 대학병원의 의료 봉사
❸ 팔라우와 한국 간의 친선 야구대회에 참가한 팔라우 선수단
❹ 한파건설이 건설한 코로르초등학교 체육관 준공식에 참석한 슈랑겔 휩스 주니어 대통령

6장

대인관계가 이끈
두 나라의 동행

하순섭, 민간외교관이 되다

하순섭, 민간외교관이 되다

팔라우는 1,500년경부터 스페인 통치를 받기 시작했다.

1899년 스페인과 미국 간 식민지 쟁탈 전쟁이 벌어졌다. 스페인-미국 전쟁 후 독일이 팔라우를 스페인으로부터 사들이면서 독일령으로 넘어갔다. 1차 대전 이후엔 일본의 식민지로 편입됐다. 태평양전쟁이 벌어지자 팔라우에는 일본군 남태평양사령부가 들어섰다.

2차세계대전 종전 이후 1979년까지 팔라우를 포함한 6개 섬나라가 마이크로네시아라는 이름 아래 UN 신탁통치를 받왔다. 이들 지역에서 독립의 기운이 일면서 4개 나라로 다시 분리됐다.

1994년 10월 1일, 팔라우는 마침내 독립을 했다. 면적은 458km²다. 독립 당시 1인당 GDP는 8,000달러 정도였다. 2022년 기준으로 인구 약 18,000명, 1인당 GDP는 1만 4,200 달라였다.

미국이 국방을 책임지며, 그 밖의 국정은 팔라우가 단독으로 정부를 운영하는 체제다. 팔라우는 당시 잠정헌법에 '핵을 육지로 반입할 수 없다'라는 조항을 명시했다. 팔라우는 독립하던 해 12월 UN에 가입했다.

태평양 국가 중에서는 부국으로 꼽힌다. 관광이 주요 산업이다. 청정해역의 스노클링과 스쿠버다이빙 사이트는 세계적인 각광을 받고 있다. 2015년 기준 관광객이 16만 7,977명을 기록했다. 중국 관광객이 45.2%로 압도적 1위다. 일본과 대만이 각각 20.6%, 9.9%로 2, 3위를 차지하고 있다. 한국은 8.7%로 4위에 올랐다.

팔라우가 독립을 하면서 한국과의 관계도 확장되기 시작했다. 한국과 팔라우 간 우호증진에는 나의 역할도 적지 않았음

을 자부하고 있다. 나는 해외동포들은 모두가 민간 외교관의
소임을 다해야 한다는 생각으로 살아왔다. 태평양의 작은 섬
나라 팔라우에 살면서도 대한민국 국익을 위한 일이라면 자
다 가도 벌떡 일어나 달려갈 정도였다. 1994년 10월1일 독립
기념행사의 문화제 행사 공로로 준우승의 대형 상패와 대통
령 표창장도 받았다.

1990년 한인회장 선거에서 덜컥 내가 당선되었다. 팔라우
가 독립하기 4년 전의 일이었다. 어깨가 더욱 무거워졌다. 먼
저 회원들부터 두루 만났다. 주일에는 록아일랜드에서 야유
회도 가졌다. 매년 설과 추석 같은 명절에는 맛있는 음식을 나
눴다. 정부행사에는 한 번도 빠지지 않고 앞장서 참여했다.
한인회 운영자금이 부족할 때는 한파의 아리랑식당을 통해
지원했다.

팔라우 독립 전 팔라우 거주 한국인 교민들의 권익은 미국
령인 괌의 한국총영사관이 담당했다. 1990년 초부터 10여 년
간 한인회장으로 재임하던 나는 양국 간 외교관계에 가교 역
할을 했다. 팔라우 독립 이듬해인 1995년 3월 22일, 김정원
외무부 본부대사가 한국 대통령 특사 자격으로 팔라우를 방

문했다. 김 특사는 한국-팔라우 수교 의정서에 서명했다. 한국은 팔라우의 9번째 수교국이었다. 첫 팔라우 대사는 이장춘 필리핀 대사가 겸임했다.

한국 정부는 1996년 10월 18일, 팔라우 상원의원인 수랑겔 휩스 주니어Surangel S. Whipps Jr.를 팔라우 명예영사로 임명했다. 그는 2021년 팔라우 대통령에 당선되었다.

1997년 나카무라 대통령 정부에서 나에게 한국 측 명예영사를 추천해 달라고 부탁했다. 당시 나는 임시 팔라우대통령 특별경제자문으로 활동하고 있었기 때문이다. 이대영 장로와 의논을 했다. 이 장로가 대원건설 김태선 회장 등과 상의를 했다. 그 결과 12대와 13대 그리고 15대 국회의원으로 활동하고, 효성개발 회장으로 있던 송현섭 씨를 소개했다. 팔라우 정부는 정치인이면서 사업가인 그를 단번에 명예영사로 임명했다. 송 명예영사는 팔라우 대통령의 한국 방문 때 아시아나항공과 미팅을 주선하는 등 수완을 발휘했다. 아시아나항공의 팔라우 취항에 일조를 한 것이다.

얼마 후 팔라우 정부는 명예영사를 명예대사로 승격시켰다. 이번에도 나에게 명예대사 추천을 부탁했다. 1978년부터 2차대전 희생동포추념사업회 회장을 지내는 등 팔라우에서 많은 활동을 벌이던 이용택 전 국회의원을 천거했다. 그 또한 대단한 비전을 가지고 양국 간 발전에 노력을 아끼지 않았다.

국무장관 빌리 코테이가 나에게 세 번째로 영사 추천을 부탁했다. 당시 한인회장을 맡고 있던 최만성 씨와 상의했다. 최 회장은 과거 복싱 헤비급 동양챔피언 출신이다. 팔라우 바다해삼을 한국 등지로 수출하는 사업을 하고 있는 분이다. 최 회장이 김명섭 씨를 소개했다. 김명섭 씨는 신문기자를 거쳐 문화방송MBC에서도 근무한 사람이었다. '팔라우 세계 다이빙 축제'를 기획하는 등 팔라우 발전구상에 깊은 식견을 지닌 인물이었다. 김명섭 씨는 이후 팔라우를 방문해 대통령과의 직접 면담을 거쳐 명예대사로 위촉되었다.

팔라우 명예영사와 명예대사는 모두 나의 추천을 거친 셈이었다. 다행히 모든 분들이 성실하게 직분을 완수했다. 항공기 취항을 비롯해 관광개발과 스포츠 교류 등 양국 간 교류 확대에 공을 세웠다.

KOICA한국국제협력단 단원들도 민간 외교관의 역할을 톡톡히 했다. 나는 한인회장의 자격으로 필리핀 주재 겸임대사에게 저개발국가를 지원하는 KOICA 파송을 여러 차례 요청했다. 그 결과 의료봉사단을 주축으로 한 KOICA 봉사단이 팔라우에 파견됐다.

외과전문의인 윤성일 씨가 1996년 4월 KOICA 봉사를 위해 팔라우로 왔다. 그는 2004년 3월까지 파견기간을 두 번씩이나 연장하면서 의료봉사를 했다. 후임으로 내과의사인 박호성 씨가 2009년 4월까지 팔라우 국립병원에서 봉사했다. 역시 내과의사인 손창남 씨는 2009년부터 2년간 같은 병원에 파견되어 활동했다. 그러나 팔라우는 KOICA의 지원 대상이 될 정도로 저개발국가가 아니라는 한국정부 방침에 따라 의료진 파견이 중단되었다.

구니오 나카무라
팔라우 대통령의 한국 방문

구니오 나카무라Kuniwo Nakamura 대통령은 일본계 출신 팔라우 대통령이다. 역대 팔라우 대통령 중에서도 제법 인기를 끈 대통령이었다.

나카무라 대통령이 어떤 지도자였는지를 알려주는 일화가 있었다. 나카무라 대통령이 유엔총회 참석차 뉴욕을 방문했을 때였다. 대통령은 맨해튼의 고급호텔을 마다하고 슬럼가의 모텔에 여장을 풀었다.

아무리 작은 나라 대통령이라고 하더라도 그의 동선은 언론의 주시를 받게 마련이다. 기자들이 나카무라 대통령이 묵고 있는 모텔을 찾았다. 왜 이런 값싼 모텔에 투숙하느냐고 묻는 기자들에게 나카무라 대통령은 대수롭지 않은 듯 "나는 세계에서 제일 작은 나라 국민들을 대표해 여기에 왔다"면서 "내 핍과 겸손을 지키고 싶었을 뿐"이라고 답했다. 그의 유엔총회 연설도 참가국들의 열띤 환호를 받았다.

"팔라우는 작은 나라이지만 하나님께서 천혜의 아름다움과 착한 백성을 주셨습니다. 그런 면에서 팔라우는 결코 작은 나라가 아닙니다. 서태평양에 아름답게 펼쳐진 넓고 큰 나라입니다. 팔라우를 찾으면 하나님의 전능하신 손길과 숨결을 느끼실 수 있습니다. 무엇보다 중요한 것은 팔라우를 특색있게 보존하고 개발해야 합니다. 여러분의 고견을 나눠 주십시오."

1997년 6월 나카무라 대통령이 한국을 방문했다. 그의 한국 방문이 성사되는 데는 나의 공도 적지 않았다.

나는 나카무라 대통령과 아주 친숙한 사이였다. 양국의 친선과 경제발전을 위해 격의 없는 만남을 자주 가졌다. 그는 사석에서는 나를 친구처럼 대해주었다.

한 번은 내가 코로르주 정부로부터 임차한 땅 때문에 문제가 생겼다. 한 경찰관이 찾아와 다짜고짜 자신이 원래 땅 주인이라고 말했다. 막무가내로 땅을 내놓으라는 것이었다. 몽둥이로 협박까지 했다. 급기야는 자신의 지위를 이용해 발부받은 법원 체포영장으로 나를 구금시켜 버렸다. 순식간에 벌어진 일이었다.

그러나 나는 두 시간 만에 풀려날 수 있었다. 전후 사정을 살핀 대통령이 석방을 명령한 것이었다. 작은 나라에서나 일어날 수 있는 웃지 못할 해프닝이었다. 떳떳했기에 부끄러울 것도 없었다. 하지만 대통령이 직접 나서기까지 했으니 조금은 민망했다. 이런 친분이 있었기에 팔라우 대통령이 선뜻 한국방문을 결심했을 것이었다.

마침내 나카무라 대통령의 한국방문 일정이 결정됐다. 6월 14일 출발해 6월 18일 귀국하는 4박5일 간 일정이었다. 나카무라 대통령과 그의 아들, 아나타시오 국회 하원의장, 주무부서 장관, 외국인 투자위원장, 관광협회 관계자 등 정관계 인사 11명으로 꾸려진 단출한 방문단이었다. 한인회장이었던 나는 팔라우 대통령 경제고문 겸 한국-팔라우 경제사회문화스포츠 우호협회장 자격으로 동행했다.

6월 14일 14시 20분, 팔라우에서 출발한 CO 864편 비행기가 17시 20분 괌에 도착했다. 괌에서 하루를 묵었다. 다음날 OZ 261C 편으로 아침 6시 30분 김포공항에 도착했다.

공항 의전행사를 마친 뒤 장충동 신라호텔에 여장을 풀었다. 그날 오후 3시 나카무라 대통령은 기자회견을 가졌다. 대통령은 신이 남겨둔 마지막 파라다이스 팔라우의 아름다움을 소개했다. 대통령은 나의 통역을 통해 리조트 호텔 개발 사업에 대한 팔라우 정부의 지원 의사를 밝혔다.

다음날 버스로 송현섭 팔라우 명예영사의 고향인 전북 정읍으로 향했다. 방문단은 차창에 펼쳐지는 색다른 경치에 푹 빠진 모습이었다. 차내 스피커를 통해 흘러나오는 한국의 민요 가락에 어깨를 들썩거리는 이도 있었다. 마침 송 영사 어머님의 85세 생신 잔치가 있는 날이었다. 잔치는 정읍국민학교로 운동장에서 열렸다. 학교에서는 동네사람들이 음식을 준비하느라 분주했다. 나카무라 대통령은 "서로 돕는 이런 풍습은 팔라우와 흡사하다" 라면서 아주 흡족해했다.

운동장에서는 풍물놀이 패가 한바탕 흥을 돋우었다. 이어서 가수들의 노래가 이어지고, 개그맨들의 장기자랑으로 잔치의 열기는 더해 갔다. 이어 송 영사 어머니의 공덕을 기리는 비석 제막식을 가졌다. 마지막으로 송 영사가 어머니의 만수무강을 기원하는 사모곡을 불렀다. 송 영사의 효심에 가슴이 뭉클해졌다.

다음날은 문화관광부 청사에서 양국 간 관광활성화 대책과 아시아나항공 취항을 논의하는 회의를 가졌다. 저녁에는 아시아나항공 박삼구 회장이 삼청각으로 나카무라 대통령 일행을 초대했다. 격식을 따지는 딱딱한 자리가 아니었다. 만찬장 분위기가 무르익자 무적 해병에 삼대양을 누비던 선장 시절 기백이 고개를 들었다. 마주치는 인사들마다 권하는 대로 마시며 흥겨움에 대취하고 말았다. 모두가 긴장을 풀고 오랜만에 즐긴 터라 유쾌한 분위기였다.

6월 17일, 짧지만 알찼던 방문일정을 마치고 팔라우로 돌아왔다. 나카무라 대통령의 한국방문이 있고 난 후, 아시아나항공의 팔라우 취항이 본격적으로 추진되기 시작했다. 1997

년 7월 2일 박찬용 전무이사를 단장으로 한 실무진이 팔라우를 방문했다. 1999년부터 취항을 시작하기로 합의했다.

경쟁사인 대한항공이 가만히 있을 리 만무했다. 나에게 팔라우 방문을 문의하는 메일을 보내오기 시작했다. 자원개발부 장관을 만나 대한항공 측의 뜻을 전했다. 장관과 일정을 조율한 뒤 대한항공에 통보해 주었다. 대한항공 대표단이 즉각 팔라우로 날아왔다. 대표단은 활주로 등 운항에 필요한 사항들을 세세히 점검했다. 그리고는 취항을 하고 싶다는 의사를 팔라우 정부에 전했다.

이후 팔라우는 아시아나의 부정기 노선과 대한항공의 정기 노선으로 자리 잡게 되었다. 나는 대통령 방문부터 항공사 취항까지 내 일처럼 앞장서서 일정을 조율하고 만남을 주선했다. 상생 차원에서 양국 간의 미래를 위해 함께 노력을 기울인 또 하나의 결실이었다.

한민수 총재와 나카무라 대통령의 만남

나카무라 대통령을 수행해 한국에 갔다 온 지 두 달쯤 지났을 때였다. 한국통일기반조성회의 한민수 총재로부터 전화가 걸려 왔다. 나카무라 대통령의 방한과 나에 관한 언론보도를 보고 연락을 했다는 것이었다. 한 총재는 팔라우를 방문해 나카무라 대통령을 만나고 싶다고 했다. 나카무라 대통령께 팔라우의 한국인을 도와준 것에 대해 감사드리고 싶다고 했다. 또한 나카무라 대통령과 나에게 통일기반조성상도 주고 싶다고 했다. 통일기반조성회는 100여개의 통일 및 애국 관련 기관들이 연합한 단체였다.

나는 나카무라 대통령을 만나 한 총재의 의중을 전달했다. 대통령의 재가가 떨어졌다. 1997년 8월 13일~17일, 한민수 총재가 수행원들과 함께 팔라우를 방문했다. 나는 한 총재 일행을 대통령궁으로 안내했다. 나카무라 대통령을 만난 한 총재가 입을 열었다.

"나카무라 대통령님, 하순섭 교민회장을 통해 대통령님이 얼마나 한국인들을 각별하게 대하시는지 잘 알고 있습니다. 여러 미담들을 들었습니다. 제가 팔라우를 찾게 된 동기입니다."

한 총재는 태평양전쟁 당시 일본정부에 의해 강제로 끌려온 한국인 징용자들을 기리는 기념사업에 팔라우 정부가 도움을 준 것에 대해 감사를 표했다.

한 총재는 이어 나카무라 대통령과 나에게 통일기반조성상을 시상했다. 나카무라 대통령이 수상 소감을 밝혔다.

"한국인은 참으로 의리가 있습니다. 감사할 줄 아는 사람들입니다. 특히 근면·성실하고 평화를 애호하는 민족입니다. 오늘 새삼스럽게 이러한 사실을 되새깁니다. 1년 전 팔라우에서 다리가 무너지는 사고가 발생했습니다. 인명피해까지 발생한 사고였습니다. 이 다리 공사의 원청은 미국회사였고, 하청은 한국회사였습니다. 같은 해 한강 성수대교 붕괴 사고가 발생했습니다. 이곳 사람들에게 한국이 진행하는 공사는 대부분 부실 공사라는 불신이 있었습니다. 그런데 오늘 한 총재님을 만나고 그동안 하 회장님을 보면서 한국에 대한 인식이 달라졌습니다. 앞으로 더욱 신뢰하는 마음으로 한국을 생각할 수 있어 매우 기쁩니다."

서민 대통령 토미 레멩게사우

2007년 12월 19일 이명박 후보가 대통령에 당선됐다. 한국

언론들은 국민들이 어떤 모습의 대통령을 원하는 지를 전하는 보도들을 내보냈다. 그즈음 KBS 제작팀으로부터 전화가 걸려 왔다. 토미 레멩게사우 팔라우 대통령을 취재하고 싶다는 내용이었다. 레멩게사우 대통령이 국민들과 격의 없는 소통을 하는 모습을 특집으로 제작하고 싶다는 것이었다. 새해부터 곧바로 취재를 시작했으면 좋겠다고 했다. 나에게 팔라우 대통령 취재 섭외를 해 달라는 부탁이었다.

시간이 촉박했다. 무작정 코로르주 미온스 함렛에 위치한 대통령궁을 방문했다. 나는 대통령과 만난 자리에서 말했다.

"지금 한국의 새 대통령이 선출되었습니다. 이명박 당선인이 1월 말 취임합니다. 한국의 공영방송인 KBS가 새 정부 출범에 맞춰 서민 대통령의 모습을 보여주는 특집을 준비하고 있습니다. 레멩게사우 대통령 당신이 딱 적격입니다. 서민들과 소통하는 당신의 모습을 한국민들에게 보여주십시오. 팔라우를 한국에 알리는 관광 홍보에도 큰 도움이 될 것입니다."

대통령의 재가가 떨어졌다. KBS에 알렸다. 담당자와 취재 방식을 논의했다. 마침 대통령 생일이 다가오고 있었다. 생일을 맞는 대통령의 소탈한 모습을 보여주기로 의견이 모아졌다. 대통령의 집에서 그의 생신을 맞이하여야 하나 시간상 준비를 해야 하기에 파티 장소는 우리 집으로 정해졌다. 전면 유리창으로 드러난 4층의 경치는 바다 해변의 맹그로브 숲을 배경으로 백구가 이리저리 날아다니며, 산호색 바다와 열대 수림이 조화롭게 어우러지는 장면이었다. 생일 파티 장소로서는 더할 나위가 없는 안성맞춤이었다.

아내가 생일파티 총감독을 맡았다. 한파 직원들의 도움도 청했다. 레멩게사우 대통령의 한복까지 한국에서 공수해 왔다. 대통령은 여유롭게 환담을 이끌었다. 가끔 한국과 팔라우 양국 간 미래 발전을 언급했다. 베테랑 정치인다운 감각이었다.

이어서 대통령의 바다낚시 현장을 담았다. 대통령이 여가를 즐기는 모습을 보여주면서 그림 같은 팔라우의 풍광을 소개할 수 있다는 일석이조의 계획이었다. 나도 몇 번 지인들과 함께 바다낚시를 한 적이 있었다. 그때마다 낚시보다 주변의 아름다운 풍광을 즐기는 재미에 빠져 시간 가는 줄도 몰랐다.

팔라우 현지인들은 주중에는 열심히 일만 한다. 주말이나 휴일에는 바다로 나가 낚시나 주낙이나 작살로 고기를 잡는다. 고기가 떨어지면 다음 주말에 다시 바다로 나간다. 조상

때부터 이어 온 그들만의 욕심 없는 삶이다.

대통령의 낚시 실력은 프로급이었다. 어느 장소에서 어떤 고기가 잡히는지 훤하게 꿰고 있었다. 대통령 전용 보트를 타고 30분 달려 도착한 곳은 '신들의 정원'이라고 불리는 록아일랜드였다.

대통령이 바다에 흩어진 섬들과의 거리를 손가락으로 가늠하더니 닻을 내리게 했다. 낚싯대에 미끼를 꿰고 물에 넣었다. 금세 커다란 스킵잭 방어류가 달려 올라왔다. 이어 던진 낚시에는 붉고 검은 돔들이 줄줄이 다투듯 올라왔다. 팔라우에서 30년 이상을 살았지만, 짧은 시간에 이렇게 고기가 많이 올라오는 광경은 또 처음이었다. 모두가 즐거운 표정으로 낚시 삼매경에 빠졌다. KBS 취재진이 연신 카메라를 들이댔다. 이번 취재가 관광입국으로 발돋움하려는 팔라우에게 큰 힘이 될 거라는 생각을 했다.

2008년 1월 27일 KBS가 〈팔라우의 서민 대통령 토미 레멩게사우〉편을 방영했다. KBS는 몇 년 전 9시 뉴스에 팔라우를 알리는 내 인터뷰를 내보내기도 했다. 그전에도 나는 팔라우를 배경으로 제작한 〈태양은 창밖에서 빛나리〉, 〈로빈

슨 크루소〉등 방송 프로그램의 현지인 배역 물색 등을 도왔었다. 한국과 팔라우 간 우호에 도움이 되는 일이라면 영역을 가리지 않고 협조를 했다.

존슨 토리비옹 대통령과
부산세계해양포럼

나는 고국에 올 때마다 모교인 부경대학교의 교수들과 선후배들을 만났다. 동문들은 매번 나를 따뜻하게 맞아 주었다. 그즈음 모교에서는 나의 이름이 제법 알려져 있었다. 2003년, 이민 백주년을 맞이하여 〈팔라우의 작은 신화, 하순섭〉 프로그램이 방영되었고, '2003년 자랑스러운 부경인'으로 선정되었기 때문일 것이었다.

2009년 4월, 고국을 방문했을 때도 모교를 찾았다. 조태진 부학장 등 교수들과 차담을 나누었다. 이야기를 나누던 중 '제3회 세계해양포럼'이 화제로 떠올랐다. 세계해양포럼이 그해 11월 10~12일 이틀간 부산 해운대 벡스코 컨벤션 홀에서 개최된다는 것이었다. 세계해양포럼은 세계 유수의 대학의 석

학들과 국제기구, 연구기관 등이 함께 수산과 해양 전반에 관한 발전 방향과 문제점을 토론하는 세계적인 행사였다. 특히 몰디브, 마이크로네시아, 폴리네시아 등 기후변화로 인한 해수면 상승의 영향을 받는 국가들의 대처 방안이 주요 의제라 했다.

팔라우에서 기후변화 문제는 당장 발등에 떨어진 불이었다. 해수면 상승으로 섬 면적이 점점 줄어들고 있었다.

부경대학교 교수들의 대화 중 내가 끼어들었다.

"이번 세계해양포럼에 팔라우도 참여할 수 있도록 해 보겠습니다. 팔라우 대통령께 말씀드려 보겠습니다."

당시 팔라우 대통령은 존슨 토리비옹이었다. 정치에 입문하기 전에 그는 명망 있는 변호사였다. 그의 사무실은 아리랑식당과 불과 벽 하나를 사이에 두고 있었다. 우리 두 사람은 하루가 멀다 하고 아리랑식당에서 커피나 술 한 잔씩을 나눌 정도로 가까운 사이였다. 토리비옹 대통령의 포럼 참가를 주선해 보겠다고 나선 이유였다.

세계해양포럼 측은 이미 팔라우 정부와 대회 참석을 타진하고 있었다. 팔라우 정부도 해수면 상승 문제를 안고 있는 국가인 만큼 큰 관심을 보였다. 그러나 일국의 대통령이 해외 행사에 참석하는 것은 간단한 문제가 아니었다. 해양포럼과 한파산업개발 간의 협의로 간단하게 해결될 사안이 아니었다.

팔라우 정부는 한국 정부의 공식적인 초청을 요구했다. 포럼을 주최하는 부산시는 물론 필리핀 한국대사관과 팔라우 정부가 긴밀히 움직이기 시작했다. 마침내 팔라우 대통령실에서 포럼 참석 의사를 밝혔다.

하지만 엉뚱한 곳에서 문제가 발생했다. 아시아나항공이 팔라우 관광 비수기를 맞아 운항을 일시 중단했던 것이다. 다행히 세계해양포럼 개최 전날인 11월 9일에 아시아나항공의 부정기선 일정이 잡혀 한시름 놓을 수 있었다. 그러나 세계항공운항 규정상 부정기선은 도착 승객만 내려 주고 돌아오는 비행기에는 승객을 태울 수 없다는 답변이 왔다.

포럼 사무국과 외무부와 건교부가 공동 작전을 폈다. 국가 원수의 해외 방문인 만큼 탑승을 할 수 있도록 해달라는 요청을 한 것이었다. 항공사가 이를 받아들였다. 토리비옹 팔라우 대통령이 가까스로 포럼에 참석할 수 있게 된 것이었다. 나는 한파그룹 회장 겸 한국-팔라우 경제사회문화스포츠 우호협회장 자격으로 방한단에 포함됐다.

토리비옹 대통령의 방한단을 실은 아시아나 OZ 6085기는 9일 새벽 5시 팔라우를 출발 예정이었다. 그러나 팔라우 공항의 급유시설이 작동을 하지 않았다. 급유를 하지 않고는 한국까지 운항이 불가능한 상황이었다. 사이판에 들러 급유를 한 뒤 한국으로 향해야 했다.

우여곡절 끝에 이날 오후 2시 10분, 인천공항에 도착했다. 국회 의전팀의 영접을 받은 뒤 남산에 있는 힐튼 호텔로 향했다. 토리비옹 대통령 일행은 여장을 푼 뒤 국회로 향했다. 김형오 국회의장과의 면담 약속이 잡혀 있었기 때문이었다. 오후 4시 토리비옹 대통령과 김 의장이 마주했다. 황우여 새누리당 대표와 외교통상위원회의 박진 의원을 비롯하여 여러 의원과 차광명 서기관도 함께 했다. 한국 국회와 팔라우 국회가 공동 개최키로 한 제4차 아시아·태평양환경개발회의 APPCED와 관련한 문제들을 협의했다.

오후 6시 신라호텔 콘티넨탈 룸에서 김형오 국회의장, 황우여 민정당 대표겸 APPCED 회의의 한국 측 의장을 비롯하여 여러 위원들과 환영만찬이 열렸다. 양국 간 우의를 다지는 시간이었다.

다음날 KTX 열차로 부산역에 도착했다. 세계해양포럼 관계자들이 현수막을 들고 우리를 맞이했다. 간단한 환영행사 후 해운대 파라다이스 호텔로 이동했다. 호텔 16층 파노라마 룸에 여장을 풀었다. 기자간담회에 이어 환영 만찬에 참석했다.

만찬장 헤드테이블에는 토리비옹 대통령과 허남식 부산시장, 박맹언 부경대학교 총장, 오거돈 해양대학교 총장, 김재철 동원그룹 회장 등이 자리했다. 간략한 내빈 소개에 이어 사회자가 건배 제의를 했을 때였다. 토리비옹 대통령이 갑자기 "김치"를 외치면서 잔을 들었다. 일순간 장내는 웃음바다가 되었다. 토리비옹 대통령이 한국 교민과의 만남 자리에서 자연스레 익힌 단어였다.

2009년 11월 11일, 제3회 세계해양포럼 개막식에는 국내외 해양 리더와 일반 참가자 1천여 명이 참석해 행사장을 꽉 채웠다. 한국의 고전무용과 풍악이 행사장 분위기를 달궜다. 세계해양포럼 의장의 개회사에 이어 허남식 부산시장이 환영사를 낭독했다.

이명박 대통령은 서면으로 치사를 했다.

"신해양시대를 창조해 나갈 '제3회 세계해양포럼'의 개막을 진심으로 축하합니다. 해양분야 다보스포럼으로 불리는 이번 회의에서 기후변화 대응과 해양산업발전을 위한 혜안과 지혜가 모여 생산적인 결과가 있길 기대합니다."

허남식 부산시장이 환영사를 했다. 김종열 해양산업발전협의회 이사장 겸 부산일보 사장과 정종환 국토해양부장관의 축사가 이어졌다. 미국 우즈홀 해양연구소WHOI의 수전 에이버리 소장이 기조연설을 했다. 강동석 2012년 여수세계박람회 조직위원장이 오찬 강연을 했다.

이어서 토리비옹 대통령을 비롯해 발디마르손 유엔식량 농업기구 사무총장, 라파엘 로틸랴 동아시아해양환경관리협력기구 사무총장, 조동오 한국해양대학교 교수 등이 기후변화 대응방안을 주제로 열띤 토론을 펼쳤다. 토리비옹 대통령이 목소리를 높였다.

"지금 우리는 대재앙의 문턱에 서있습니다. 해수면 상승으로 섬나라들이 수몰 위기를 맞고 있습니다. 섬나라 주민들이 다른 지역으로 이주하기 시작하면 전 세계적으로 큰 문제가 발생하게 될 것입니다. 다음 세대는 기후변화 위기를 온몸으로 체험하게 될 것입니다. 인류의 미래가 걸린 중요한 문제임을 우리 모두가 인식해야 합니다."

점심식사 후 폐막식까지 짬이 있었다. 나는 토리비옹 대통령 일행을 모시고 부경대학교를 방문했다. 토리비옹 대통령이 부경대학교로부터 명예박사 학위를 받기로 돼 있었기 때문이다. 나는 포럼 개최 전에 부경대학교 총장과 대학원 원장을 먼저 만나 이 문제를 조율해 놓고 있었다.

박맹언 총장이 토리비옹 대통령에게 국제 지역학 명예박사 학위를 수여했다. 대통령이 수상 소감을 말했다.

"팔라우 정부는 여수세계박람회 유치 등 중요한 국제 의제가 대두될 때마다 한국을 지지했습니다. 앞으로도 두 나라 간 상호 우호증진과 선진외교에 기여하겠습니다."

대통령은 명예박사 학위증을 들고는 나에게 "이제 나도 하 회장과 같은 대학 동문이 되었다"라며 기쁜 표정을 감추지 않았다.

수상식을 마친 대통령 일행은 부산 시내 관광에 나섰다. 남포동과 충무동 거리, 자갈치시장을 둘러보았다. 대통령은 공동어시장 어판장의 규모와 시설과 경매 광경을 주의 깊게 살폈다.

어시장 횟집에 들러 회를 먹으며 소주 한 잔을 곁들였다. 토리비옹 대통령의 환한 모습이 지금도 눈에 선하다. 송도 해수욕장을 둘러보고 용두산 공원에 올랐다. 부산 시내가 한눈에 들어왔다. 조수간만의 차로 썰물과 밀물에 따라 모양이 달라지는 오륙도와 태종대 사이로 크고 작은 상선과 여객선과 어선들이 뱃고동을 울리며 드나들었다. 토리비옹 대통령이 그 모습을 물끄러미 바라보고 있었다.

부산항이 팔라우에 비해 자연의 아름다움이야 떨어질지 모르지만 경제와 산업의 규모는 비교할 수 없을 정도로 앞서 있다.

나의 마음이 괜히 뿌듯해졌다. 트리비옹 대통령은 귀국 후에 박맹언 총장을 초청하여 한국 방문 시 베풀어준 호의에 감사함을 베풀기도 했다.

포럼 폐막식 시간이 다가오고 있었다. 서둘러 해운대 벡스

코로 발길을 돌렸다. 폐막식에서 토리비옹 대통령이 감사패를 받았다. 부경대학교에서 깜짝 선물로 한국 드라마 DVD 세트를 전달했다.

토리비옹 대통령은 한국드라마를 아주 좋아했다. 이를 미리 파악한 내가 부경대학교 측에 귀띔을 해주었다. 부경대학교 측이 한국 드라마 DVD 세트를 선물로 준비하게 된 배경이었다. 선물의 내용을 파악한 대통령이 함박웃음을 지으면서 말했다.

"누구보다 팔라우에 있는 아내가 제일 기뻐할 겁니다. 아내도 한국 드라마를 아주 좋아합니다."

실제로 토리비옹 대통령의 부인 또한 한국 드라마 애호가였다. 당시 대통령 부인은 2년제 직업대학 교수로 근무하고 있었다. 나는 한국 다녀올 때마다 빠뜨리지 않고 한류 드라마 세트를 사 와서는 여러 지인들에게 한국의 현대와 고전 문화를 알리기도 했다.

대통령 부부는 함께 한류 드라마에 푹 빠져 뜬눈으로 밤을 새운 적도 있다고 내게 말한 적도 있었다.

2009년 11월 12일 대통령 일행은 짧은 한국방문을 아쉬워하며 공항으로 향했다. 나는 병원검진을 예약한 놓고 있었다.

며칠 더 한국에 머물러야 했다. 대통령 일행과는 공항에서 이별의 정을 나누었다.

팔라우, 2012 여수엑스포에 '한몫'

2005년 6월 14일, 허경만 전남도지사 일행이 팔라우를 방문했다. '2012 여수엑스포' 유치를 위한 방문이었다. 팔라우도 당당한 UN 회원국이었고, 소중한 한 표였다. 여수엑스포는 2012년 5월 12일~8월 12일까지 3개월간 열렸다. 100여 개 국가들이 모여 "살아 있는 바다, 숨 쉬는 연안"을 주제로 열렸다.

허경만 지사 일행이 팔라우를 찾았을 당시 내 직함은 평통자문위원이자 토미 레멩게사우 대통령의 경제특별자문관이었다. 나와 이우형 한인회장은 필리핀 한국 대사관과 협의해 미리 대통령과의 방문일정을 조율했다.

허 지사 일행이 대통령궁을 찾았다. 빌리코테이 비서실장이 일행을 안내했다. 빌리코테이 실장은 목사직도 겸하고 있었다.

레멩게사우 대통령이 일행을 반갑게 맞이했다. 허 지사가 여수엑스포의 개관을 설명하고 지지를 부탁했다. 대통령은 그 자리에서 흔쾌히 지지를 약속했다. 대통령의 명쾌한 태도에 허 지사 일행의 마음이 홀가분해졌다. 허 지사 일행은 록아일랜드를 돌아본 뒤 다음 행선지인 필리핀으로 향했다.

여수엑스포 유치를 위한 한국 정부의 의지는 대단했다. 팔라우 명예대사 출신인 이용택 태평양전쟁희생동포추념사업회 회장도 유치활동에 발 벗고 나섰다. 팔라우에 행사가 있을 때마다 태극기와 팔라우 국기를 새긴 배지를 제작해 나누어 주었다. 필리핀 주재 한국 대사관의 홍승목 공사를 단장으로 김영기 영사와 현대자동차 호주사무소 소장이 팔라우를 방문해 유치전을 벌이기도 했다.

2007년 11월, 대한민국 여수는 모로코 탕헤르와 폴란드 브로츠와프를 물리치고 '세계 EXPO 2012' 개최지로 선정되었다. 프랑스에서 EXPO 선정국 최종 투표에 참석했던 팔라우 대통령 영부인도 팔라우 교민들과 함께 '만세'를 외쳤다. 나는 축배를 제안하면서 외쳤다.

"우리 모두 애국심을 발휘해 일군 승리입니다. 함께 이 기쁨을 즐깁시다."

팔라우도 여수엑스포 참가조직위원회를 발족시켰다. 문화
사회부 장관이 위원장을 맡았다. 문화사회부의 이인자인 드와
이트 G. 알렉산더Dwight G. Alexander 국장이 실무 책임을 맡았다.

박람회 준비를 위한 첫 국제회의가 서울 그랜드하얏트호텔
에서 열렸다. 회의에 참석하고 돌아온 알렉산더 국장이 한팔
우호교환협회장으로 있던 나를 찾아왔다.

"무엇을 가지고 박람회에 참가해야 할지 고민입니다. 개인
이든 단체든 누구라도 팔라우 전시관에 출품할 아이템이 있
으면 허가를 내주겠습니다."

나는 "팔라우는 해양 콘텐츠가 풍부한 나라입니다. 아직 시
간이 많이 남아 있습니다. 아이디어를 모아 봅시다."

2012년 6월경 개최를 앞두고 여수엑스포 측에서 팔라우의
계획을 요청하는 공문이 왔다. 알렉산더 국장이 강위하 한인
회장과 함께 나를 찾아왔다. 전시에 출품할 내용의 결정이 쉽
지 않다고 말했다. 머리를 맞대고 아이디어를 짜냈다. 내가
먼저 제안을 했다.

"팔라우는 '상어보호수역Shark Sanctuary'입니다. 세계 최초로
상어어획금지를 선포한 나라입니다. 참치 남획을 방지하는
어장보호법까지 통과시켰습니다. 이번 엑스포에서 상어어획

금지 포스터와 대왕조개 전시, 물꽁의 서식에 관한 생물학적인 설명 등을 하면 어떨까요.

섬과 섬을 왕래하는 돌고래의 묘기를 소개합시다. 팔라우가 세계 최고의 천연 해양 경관을 갖춘 나라임에 초점을 맞춥시다. 박람회 관람객들에게 아름다운 섬나라 팔라우를 널리 알릴 수 있는 기회로 삼아야 합니다."

나는 팔라우 조직위 관계자에게 부경대학교 국제교류원을 연결해 주었다. 국제교류원은 팔라우 조직위가 엑스포 콘텐츠를 구상하는 과정에서 자문을 해 주었다. 국제교류원은 대학 후배 오정순 씨를 자원봉사자로 추천해 주기도 했다.

전시관 내부에 팔라우 부스가 정해졌다. 팔라우 부스에는 살아 숨 쉬는 바다와 해안'Living Ocean And Coast'라는 박람회 엠블럼과 로고를 내걸었다. 부스 안에는 '해파리와 산호묘지 생태계Jellyfish Lake Soft Coral Cemetery Ecosystem'를 전시했다. 천 년 역사를 자랑하는 전통 주거지와 폭포 등의 모습도 소개했다. 나는 알렉산더 국장과 오정순 씨 사이의 소통과 중재 역할을 맡았다.

엑스포 조직위원회에서 참가국 소개와 홍보를 위한 대강당 사용 일자를 지정했다. '팔라우 데이Palau Day'는 6월 13일로 잡혔다. 엑스포 행사를 위해 부산을 방문한 우리 부부는 새벽 버스를 타고 행사장에 도착했다. 파우스티나 루울 마룩 문화사회부 장관이 팔라우 전통 무용수 등과 함께 행사장에 나와 있었다.

마룩 장관이 연단에 올랐다. 장관은 팔라우의 역사와 전통과 경관을 소개했다. UN이 해상문화재로 지정한 록아일랜드의 70개 섬 '세븐티 아일랜드'의 비경을 상세히 설명했다. 곧이어 무용수들이 팔라우 전통 춤을 선보이며 박수갈채를 받았다. 팔라우가 세계로부터 주목을 받는 순간이었다.

"팔라우 정부는 관광 활성화를 위해 노력하고 있습니다. 해외투자유치에 적극 나서겠습니다."

발표를 마친 마룩 장관은 전시관을 꼼꼼하게 둘러봤다. 전시관을 잘 꾸몄다면서 오정순 씨와 관계자들을 격려했다. '팔라우 데이'를 무사히 마쳤다는 생각이 들었다. 그제야 한시름 놓을 수 있었다. 팔라우 팀들과 저녁 환영 회식 자리가 마련되었으나 다음 날에 부산성모 안과병원의 검진 관계로 그들을 안내하는 정상진 목사께 금일봉을 대신 전하게 하고 저녁에 부산으로 돌아가는 버스에서 곰곰이 생각을 정리해 보았다.

어떤 일이든 최선을 다하면 그 결실은 달다는 사실을 새삼 깨달을 수 있었다. 팔라우가 나에게 베푼 은혜에 조금은 보답했다는 보람을 느낄 수 있었다.

여수엑스포는 그렇게 막을 내렸다. 그해 9월, 나는 토리비옹 대통령으로부터 감사장을 받았다. 내가 그동안 팔라우와 한국 간 우호를 증진시키는 데 도움을 주었고, 한파산업개발을 통해 팔라우 경제에 기여했다는 점을 높이 샀다는 것이었다. 무엇보다도 값진 상이었다.

미스팔라우 선발대회와 한파

1997년 7월 9일, 팔라우 제헌절 행사가 열렸다. 문화사회부 주관으로 코로르시민회관을 비롯한 여러 장소에서 동시에 열렸다. 성대한 기념식에 이어 수공예품 전시회, 농산물 품평회, 요리 경연대회, 꽃다발 장식 콘테스트, 닭싸움, 육상경기, 해상과 해저식물 특별전, 웅변대회, 그리고 미스팔라우 선발대회 등 다채로운 행사가 펼쳐졌다.

그중에도 당연히 미인 선발대회가 제일 큰 관심과 흥미를 끌었다. 팔라우가 16개 주인만큼 주마다 1명씩 후보가 출전했다. 민관이 합작해 치루는 행사였다. 하와이뱅크 팔라우지점장인 조안 데메이 여사가 위원장을 맡았다.

나는 데메이 여사와 막역한 사이였다. 여러 가지 사업으로 연결된 관계였다.

그가 나에게 후원을 부탁했다.

"각 주마다 예산이 없어 힘들어합니다. 이번 대회에 회장님이 한 주의 한 후보만이라도 독자적으로 후원해 주십시오."

실제로 미인대회를 치르려면 출전자 의상을 비롯해 많은 경비가 소요된다. 경비 부족으로 16주 중 8개 주만 후보 신청을 한 상태였다. 7개 주는 후원이 결정되었지만 나머지 1개 주가 후원자를 찾지 못하고 있었다. 결국 내가 그 짐을 떠맡기로 했다. 내가 후원에 나설 지역은 가르첼롱Ngarachelong주였다. 한파건설 사업에도 많은 도움을 주었던 지역이었다. 다음날 후보자 바네사 날리 엘베라우Vanesa Lalli Elbelau양의 어머니와 그 주의 행정관이 한파 사무실로 나를 찾아왔다. 함께 세부적 상황을 의논했다.

제헌절 전야제 행사로 미인대회가 열렸다. 행사장은 그림 같은 해변에 자리 잡은 팬 퍼시픽 리조트 호텔이었다. 열대수림이 늘어선 해안선 너머 바다로 해가 지고 있었다. 드디어 미스팔라우 선발대회가 시작되었다. 경쾌한 춤으로 펼쳐지는 퍼포먼스가 후보들의 아름다움을 더욱 돋보이게 했다. 이날 미스팔라우 '진'에는 아이라이주 출신 제민 라비앙카 드레이크Jemine Labianca Drake양이 선출되었다. 내가 후원한 바네사 양은 2위인 '선'으로 시상대에 올랐다. 경제적 후원으로 나눔과 베풂을 실천했다는 뿌듯함이 밀려왔다.

그 행사를 후원한 공로로 나는 이듬해인 1998년 제헌절 기념식에서 팔라우 정부로부터 감사장을 받았다.

마이크로네시아 게임 스피어 건 피싱

1998년 7월 마지막 주부터 8월 첫 주 사이 마이크로네시아 섬나라들 간 올림픽이라고 할 수 있는 '마이크로네시아 게임'이 팔라우 주최로 개최되었다. 모두가 격조 있게 '마이크로네시아 올림픽'이라고도 불렀다.

팔라우섬 전체가 들썩였다. 이웃 섬나라의 대통령, 추장들과 선수들, 귀빈들을 초청하는 행사였다. 행사 조직위가 구성되고 예산확보를 위해 바쁘게 움직였다. 비록 작은 섬나라끼리의 행사라고 하지만 기본 올림픽의 대다수 종목이 포함되었다. 독립 후 개최되는 행사인 만큼 팔라우 정부도 행사 준비에 만전을 기했다.

행사조직위 위원장은 빌리코테이 국무장관이었다. 대통령 특별경제자문역인 나와는 가까운 사이였다. 빌리코테이 장관이 한번 만나자는 연락을 해 왔다. 장관 사무실을 찾았더니 행사를 후원해달라는 부탁을 했다. 한 경기 정도 후원을 해달라는 요청이었다. 나는 1997년 6월, 대통령과 국회하원의장 그리고 장관 등 11명이나 되는 고위직 공무원을 한국으로까지 초청했었다. 그런 마당에 스포츠 행사의 지원을 거절할 수는 없었다.

어떤 종목을 후원하면 되겠느냐 물으니 한파에서 직접 결정하라 했다. 잠시 생각을 가다듬으니 답이 떠올랐다. 오랫동안 수산업에 종사했던 나로서는 해양과 수산이 관련된 종목을 후원하고 싶었다. '스피어 건 피싱Spear Gun Fishing, 수중작살낚시 토너먼트'를 후원하겠다고 대답했다. 한국에서는 생소하겠지만 이쪽 섬나라들에서는 아주 활성화된 수상레저 종목이다. 장관은 후원업체가 누릴 수 있는 여러 혜택을 설명해 주었다. 공설운동장 스타디움에 한파산업개발 광고물을 부착할 수 있고, 공식 포스터와 행사 티셔츠에도 한파를 홍보할 수 있다는 내용이었다.

개막식이 다가오자 VIP 티켓이 한파 사무실로 전달되었다. 이왕 돕는 김에 혼신의 협조를 다 해야겠다는 욕심으로 발걸음이 바빠졌다. 코로르주 어선 부두에서 스피어 건 피싱 대회가 진행되었다. 각 나라 선수들이 스피드보트를 타고 보드 경기하듯이 바다로 향하였다. 화창한 날씨였다. 마감 시간에 어획된 고기를 대소 구분하고 저울에 달아서 순위를 정하면서 모든 경기가 순풍에 돛 단 듯 잘 마무리되었다. 스피어 건 피싱 입상자들 목에 금·은·동 메달을 걸어주고 시상하는 일이 모두 내 일이었다. 돕는 게 아니라 바로 내 일이라 생각하니 되레 감사하는 마음까지 들었다. 석별의 정을 나누는 폐막식이 아쉬울 정도로 보람찬 행사였다.

팔라우와 한국 간의 역사적인
친선 야구대회

팔라우는 따뜻한 나라다. 한국의 스포츠 팀들이 가끔씩 동계훈련을 위해 팔라우를 찾는다. 1990년 말, 내가 팔라우 한인 부회장으로 있을 때는 고려대학교 야구팀이 팔라우에서 일주일간 전지훈련을 가졌다.

2010년 초 한국과 팔라우 간 야구 친선게임이 있을 것이라는 소식이 들려왔다. 당시 나는 한국-팔라우 경제사회문화스포츠 우호협회장을 맡고 있었다. 대한야구협회 조민 씨가 나에게 메일을 보내왔다. 1월 중순쯤 친선경기를 갖고 싶다는 내용이었다. 공식적인 초청장과 세부 행사계획을 보내 달라고 했다.

당시 한인회장이었던 김정곤 씨를 만나 어찌 된 일인지 물었다. 김 회장은 양국 야구협회 간에 진행된 일이라고 했다. 한인회 운영자금도 부족한데 지원할 방책이 없어 고심 중이라 했다. 부실한 소통을 탓할 때가 아니었다. 우선 해결 방안부터 찾기로 했다.

나는 대한야구협회와 구체적인 일정을 협의하기 시작했다.

한국 측 선수단은 임원진 6명과 선수 24명이었다. 항공료는 대한야구협회가 부담하고, 체재비와 교통편, 식비는 팔라우 야구협회가 부담키로 되어 있었다.

방안을 협의 중에 팔라우 야구협회에서 나에게 메일을 보내왔다. 친선게임을 열기로 결정했다는 내용이었다. 일정은 3월 29일부터 4월 2일로 조율됐다고 했다. 메일에는 행사 찬조를 요청한다는 내용도 들어 있었다. 한국 선수단 체류기간 동안 아침과 저녁식사는 팔라우 측이 제공하지만, 점심은 한인회 측에서 맡아 달라고 부탁했다. 개막식 전야 만찬까지 협조를 부탁했다. 한인회 재정으로는 별 뾰족한 답이 나올 수 없었다.

무엇보다도 전야제 환영식이 문제였다. 양국 선수단과 한인회원들, 협회 관계자에 대통령을 비롯한 정부 인사들까지 최소 100명이 넘는 인원이 참석하는 큰 행사였다. 결국 내가 나설 수밖에 없었다. 부랴부랴 집사람을 설득해 행사 협찬 허락을 받았다. 서둘러 한인회와 팔라우 야구협회에 공식적으로 서신을 보냈다. 일정은 4월 12일부터 16일까지로 최종 조율됐다.

마침내 팔라우 공화국 코로르 공설운동장에서 한국-팔라

우 간 공식적 친선야구경기 개막식이 열렸다. 존슨 토리비옹 대통령을 비롯한 정부고위 인사들과 양국 선수단, 팔라우 주민들이 함께 한 자리였다. 디아스 상원의원이 앵커로 나섰다. 그는 들뜬 음성으로 양국 친선 야구게임의 개막을 알렸다. 디아스 상원의원은 방송국을 소유한 인물이었다. 미 육군 복무 시절 한국 여성과 결혼해 한인들과의 친밀감이 남달랐다.

토리비옹 대통령이 축사를 했다. 팔라우 국민을 대신해 한국과 팔라우 간 친선 야구시합 개최를 축하한다는 내용이었다. KBS 〈인간극장〉 출연자인 '펠렐리우 미스터 김'이 한국 야구선수단을 초청해 주셔서 감사하다고 유창한 팔라우말로 답사를 했다.

연이어 내가 연단에 올랐다. 한팔 우호협회장으로서 이 뜻 깊은 날에 좋은 날씨를 허락하신 하나님께 감사를 드렸다. 마지막 지상 낙원인 팔라우에서 양국 선수들끼리 아름다운 우정을 나누자고 했다. 승부에 집착하지 말고 참다운 스포츠정신을 겨루는 시합이 되길 바란다고 말했다.

대한야구협회 부회장인 성기영 씨가 초청에 감사를 표하며 임원단과 선수들을 한 사람씩 소개했다. 이렇게 양국 간 친선

게임이 시작됐다.

야구장에서 50m 거리에 있는 한파의 한국관에서 전야제 만찬이 열렸다. 토리비옹 대통령이 전야제 만찬 인사를 했다. 대통령은 인사말에서 나의 이름을 올렸다.

"미스터 하는 거의 40년 동안 팔라우 정부와 민간의 행사에 자발적으로 협조를 아끼지 않았습니다. 팔라우에서는 미스터 하를 모르는 사람이 없습니다. 작년 부산 세계해양포럼에서 팔라우의 위상을 드높이는 데 일조를 했습니다. 부산어시장을 비롯한 관광명소를 안내하기도 했습니다."

모두가 술잔에 맥주를 채웠다. 대통령이 건배를 제안하면서 '김치'를 외쳤다. 한국과 팔라우의 민요가 교대로 울리는 가운데 서로 잔을 부딪쳤다. 맛있는 음식과 끈끈한 친교가 어우러진 밤이었다.

열광적인 응원 속에 경기가 이어졌다. 팔라우 메이저 팀이 2승, 한국 팀이 1승으로 친선게임이 막을 내렸다. 다음날 팔라우 측 주선으로 바다의 정원을 유람했다. 그날 저녁에 공항에서 아쉬운 작별의 시간을 가졌다. 팔라우 메이저 팀이 나에게 둥근 컵 모양 감사패를 전달했다.

스포츠 교류를 통해 양국 간 우호를 다지는 계기였다. 이후 여러 해 동안 한국과 팔라우, 괌, 대만, 일본이 참여하는 친선 야구시합이 각 나라로 돌아가면서 열렸다. 친선 야구시합이 서울과 제주도에서 열릴 때 나는 빠짐없이 팔라우 팀에 찬조를 했다.

한파장학회 발족,
팔라우 젊은이들의 비상을 꿈꾸며

2002년 10월 14일 장학사업을 시작했다. 지도상에 점 하나로 표시되는 작은 섬나라 학생들의 꿈에 날개를 달아주고 싶었다. 팔라우에서 번 돈을 팔라우에 환원해야겠다는 생각도 했다.

먼저 학생들이 학습 경쟁으로 성취도를 높이는 밑그림부터 그렸다. 팔라우 7개 고등학교를 대상으로 장학지원 계획을 세웠다. 각 학교마다 1명씩 학생들을 추천받았다. 시간이 지나면서 학생들의 GPA^{학부 평균평점}가 상승하고 있다는 소식이 들려왔다. 학생들 사이에 장학금 경쟁이 일고 있다고 했다. 흐뭇했다.

2차 대전 후 팔라우는 유엔신탁통치의 일환으로 50여 년간 미국의 통치를 받았다. 미국의 통치는 팔라우 사람들의 독립심을 약화시키는 결과를 초래했다. 미국의 정책은 복지와 식량 지원 위주로 이뤄졌다. 인재 교육이나 경제 개발 등 근본적으로 팔라우를 발전시키는 정책을 펼치지 않았다. 팔라우 사람들의 능력을 개발하는 데는 신경을 쓰지 않았던 것이다. 미국의 각 대학으로부터 장학금을 받는 학생과 유복한 집안의 자녀들은 미국으로 유학을 갔다. 하지만 대다수 유학생들은 수학능력 차이를 극복하지 못했다.

더군다나 팔라우는 인구에 비해 땅은 넓다. 열대과일이 널려 있다. 열심히 일하지 않아도 그럭저럭 먹고 산다. 우수한 성적으로 미국 유학을 다녀온 청년들도 귀국해서는 또다시 이런 나태와 무기력에 빠져든다. 나는 장학사업을 통해 팔라우 젊은이들을 각성시키고 싶었다. 나라의 성장을 견인하는 인재를 키우고 싶었다.

2012년 토미 레멩게사우 대통령 취임식

❶ 필리핀 대사가 팔라우에서 수여한 목련훈장 전수식
❷ 훈장증
❸ 제3회 세계평화복지인물상 수상
❹ 언론에 소개된 하순섭

7장

아직도 나는
현역이다

팔라우의 관광 활성화를 꿈꾸다

세계 평화상 수상 그리고
제3회 세계평화복지지도자대회

한파그룹에 있는 내 사무실을 들어서는 사람들은 하나같이
눈길을 벽 쪽으로 돌린다. 사무실 3면을 채운 상장과 상패와
학위증들 때문이다. 그중에는 2004년 1월 31일에 노무현 대
통령으로부터 받은 국민포장과 2015년 10월 5일 박근혜 대통
령에게 받은 국민훈장 목련장도 걸려있다.

나 하순섭이 80년 인생을 헛되이 살지는 않았음을 입증하
는 물건들이다. 오로지 근면과 성실과 애국심으로 헤쳐온 삶

에 대한 격려라고 생각한다.

1997년은 상복이 많은 해였다. 나는 나카무라 대통령과 함께 세계평화봉사단World Peace Corps Mission에서 주는 세계평화상을 비롯해 여러 상을 받았다. 그해 10월 세계평화봉사단의 세계평화상시상위원회에서 팔라우를 방문했다. 세계평화봉사단은 미국평화봉사단Peace corps의 자매단체다. 미국평화봉사단 창설자는 존 F. 케네디 대통령과 9선의 하원의원인 로버트 레게트 박사였다. 세계평화봉사단은 레게트 박사와 한민수 박사가 창설했다. 세계평화상시상위원회는 워싱턴 DC에 있다. 시상위원회는 세계 30개국에서 선출된 정계와 관계, 학계를 아우르는 명망 있는 인물들로 구성되어 있다.

세계평화상 수상자들의 면면은 화려하기 그지없다. 정치가들에게 수여하는 대상으로 이승만 대통령은 대한민국 건국 공로로, 레이건 미국 대통령은 소련의 위협으로부터 미국과 우방을 방어하는 '별들의 전쟁'을 승리로 이끈 공로로, 무라바크 이집트 대통령과 라빈 이스라엘 수상은 중동 평화를 정착시킨 공로로, 캄보디아 훈센 총리는 킬링필드를 종식한 공로로, 그리고 오치르바트 몽골 대통령은 몽골을 민주화한 업적으로 수상했다. 한결같이 인류를 위해 공헌하고 봉사한 민간인과 기업가들에게는 열매상이 수여되는데 그중에 족부반사요법을 개발해 세계시민건강 증진에 노력하신 북경대 교수 제이린 박사와 비교하니 내가 행하고 가진 능력은 송구하기 그지없었다. 하지만 하나님의 고귀한 뜻이라 여기고 1995년에 한국과 외교관계가 수립된 지구촌의 작디작은 팔라우에서 헌신봉사하는 데 여생을 바치겠다는 나의 각오에 담금질하는 계기가 되는 수상이라 마음가짐을 단단히 했다.

제3회 세계평화복지지도자대회 시상위원회 행사는 10월 28일 오후 3시 한국복지신문사와 경로복지회 주관으로 개최되었다. 이홍관 한국복지신문사 사장의 인사말과 나팔수선교단의 환영음악 반주로 행사가 시작됐다.

제1부는 예배순서였다. 최희범 전 서울신학대학교 총장의 기도와 표용은 기독교 방송 이사장의 말씀 그리고 김해운 기독교성도회 서울지역총회 회장의 축도가 이어졌다. 제2부에서는 변창남 한국경로복지회 회장의 사회로 세계 복지인물상 시상식이 개최되었다. 수상자 소개와 함께 국무총리를 지낸 강영훈 세종연구소 이사장이 격려사를 했다.

"평화와 기쁨, 사랑, 희망이 충만한 지구촌 만들기에 원대한 이상을 가지고 한민족, 한마음이 되어주시길 부탁드립니다. 오늘 수상자들은 세계평화에 앞장서는 복지지도자라는 긍지를 가지셔도 좋습니다."

어윤배 숭실대학교 총장이 축사를 했다.

"오늘날 우리들이 누리는 번영과 꿈꾸게 되는 미래의 희망, 이 모두가 인류 공동의 번영과 복지를 위해 일하는 수많은 조직과 인물들에 의해 이루어진 업적입니다. 이들이야말로 어둠을 밝히는 등불이며 인류가 함께 살아갈 수 있는 길을 열어준 인도자입니다. 좌절과 실망의 상황에서 희망과 용기를 준 격려자입니다. 고통과 절망 속에 있는 사람들에게 사랑과 생명의 존귀함을 몸소 실천해 준 고귀한 사람입니다. 앞으로 이들의 뒤를 이어 많은 봉사자들이 함께할 수 있도록 마중물 역할을 당부드립니다."

이 대회에서 나는 세계평화경제복지 인물상 수상과 함께, 차기 시상위원으로 선정됨과 동시에 복지신문 자문위원으로 추대되는 영광을 누렸다. 수상자들의 면면과 그 공적을 보니 내가 과연 이 상을 받아도 되는지 두려운 생각마저 들었다.

그해 나의 영광은 거기에서 그치지 않았다. 남태평양 세계 평화상 순례대사직까지 수여된 것이었다. 하나같이 분에 넘치는 영광이었지만 이 또한 하나님의 뜻으로 여기기로 했다. 지구촌 평화봉사에 여생을 바치겠다는 각오를 다졌다.

'자랑스러운 부경인 상' 수상, 한국과 팔라우가 함께 세계로

2003년 2월 4일, 부산MBC가 '한국을 떠나 성공한 사람'으로 나를 선정했다. 한국이민 100주년을 맞아 기획한 특집 프로그램의 주인공으로 선정된 것이었다. 그해 4월 28일 부산MBC는 '한국이민 100주년 특집'으로 〈팔라우의 작은 신화, 하순섭〉 편을 방송했다. 부산MBC는 하순섭의 삶을 상세히 조명했다.

"하순섭은 대학 졸업 후 숱한 성공과 실패를 거듭한 끝에 한파산업개발그룹을 일궜다. 한파는 한국과 팔라우의 이니셜을 따서 지은 명칭이다. 숱한 난관 속에서도 '한파'는 식당과 건재상, 석산개발, 콘크리트 블록 생산, 쇼핑센터, 무역, 호텔, 부동산, 관광, 농장 등 여러 분야로 확장했다. 한마디로 팔라우에서 불법이나 위법을 제외한 모든 사업에 손을 대고 발을 넓혔다. 팔라우 사람들은 태평양에서 가장 성공한 사업가 중 한 사람으로 하순섭을 꼽는 데 주저하지 않는다. 팔라우에서 '미스터 하' 하면 모르는 사람이 없을 정도다.

하순섭은 한국과 팔라우 간 외교관계 수립에 일조했다. 대통령 한국방문에 공을 세웠다. 한국에서 팔라우관광투자를 위해 노력했다. 아시아나와 대한항공의 팔라우 취항에도 가교 역할을 했다. 팔라우 정부는 하순섭의 이런 활동을 눈여겨보고 있었다. 하순섭은 1998년 팔라우 대통령 특별경제고문으로 위촉됐다."

부산MBC의 〈팔라우의 작은 신화, 하순섭〉 프로그램 준비로 고국을 찾았을 때 모교인 부경대학교를 방문했다. 방송이 나가기 전인 그해 2월이었다. 나는 부경대학교의 전신인 부산수산대학교 어로과 62학번이다. 1966년 졸업 후 37년 만의 모교 방문이었다. 어로과 동기인 신형일 교수와 함께 부경대학교 강남주 총장을 만났다. 그 자리에서 나의 소회를 밝혔다.

"오랫동안 떠났던 모교를 방문하니 감개가 무량합니다. 팔라우에 학교 실습선을 초청하고 싶습니다. 모교 발전에 도움이 되고 의미가 있는 일을 하고자 합니다. 내 가슴 한구석에는 항상 동원그룹 김재철 회장이 자리 잡고 있습니다. 지금도 그의 도전적인 삶을 배우려고 노력하고 있습니다. 후배들도 목표를 향해 노력을 아끼지 않는다면 반드시 그 뜻을 이룰 것입니다."

김재철 회장은 수산대학교 선배다. 그는 우리나라를 수산입국으로 이끈 인물이다. 내가 가장 존경하는 멘토다. 나는 그가 살아왔던 행적과 경영철학을 본받으려 애썼다. 나는 김재철 회장처럼 세계 무대에서 꿈을 펼치는 모교 후배들이 많이 나왔으면 좋겠다고 강 총장에게 말했다.

"젊은이들이 도전할 곳은 한국만이 아닙니다. 후배들이 오대양과 육대주에서 큰 꿈을 펼치는 것을 보고 싶습니다. 내가 도울 일이 있다면 힘껏 돕겠습니다."

나의 초청에 따라 실제로 모교 원양실습선이 팔라우에 도착했다. 신형일 교수가 사전답사를 했다. 김형석 교수가 비행기로 사전에 방문해서 실습생들의 일정을 조율했다. 강일권 교수와 김민석 선장의 인솔로 학생들을 태운 원양실습선 가야호가 팔라우를 방문했다. 이국땅에서 선후배가 함께 만나 동문의 정을 나누는 뜻깊은 시간을 가졌다.

2003년 5월 9일, 부경대학교 개교기념일을 맞아 '제3회 자랑스러운 부경인 상'을 받았다. 제1회 수상자는 김재철 동원산업 회장, 허형택 한국해양연구소 책임연구원, 정대근 농협중앙회회장이었다. 제2회 수상자는 장선덕 전 부산수산대학교 총장, 한상숙 전 부산공업대학교 총장, 조갑제 전 월간조선 대표이사 등이었다. 상패에 새겨진 글귀가 한편으로는 뿌듯하면서도 또 다른 한편으로는 부담스럽기도 했다.

"귀하는 대표적 재외사업가로서 사회, 경제, 문화, 스포츠 분야에서 탁월한 능력과 업적으로 국위선양과 세계평화에 크게 기여하셨고, 모교의 명예와 부경인의 긍지를 드높이셨기에 개교기념일을 맞아 '자랑스러운 부경인'으로 선정해 그 뜻을 이 패에 새겨드립니다."

시상식이 끝나고 어업학과 1~4학년 재학생들이 2층 대회의실에 모였다. 그 자리에서 나는 경남 사천 시골 출신이 수산대학교를 거쳐 월남전에 참전했던 시절부터, 삼대양을 누비며 온갖 고비를 헤쳐 나온 파란만장했던 내 삶을 후배들에게 들려줬다.

2009년 4월 29일, 부경대학교는 나에게 명예경영학 박사학위까지 수여했다. 모교의 명예 향상에 기여한 점을 고려했다는 심사평이었다. 더없는 영광이었다.

한국일보 2015 대한민국 고객 감동 그랑프리
올해의 인물대상 및 2004년 국민 표창 수상

2015년 10월, 대한민국 정부로부터 국민훈장목련장을 받았다. 팔라우에서 국위선양을 했다는 것이 수상 이유였다. 수상 사실이 알려지자 언론사에서 취재 요청이 들어왔다. 한국일보 양 기자가 팔라우로 날아왔다.

양 기자는 내 사무실로 들어서면서 놀라는 표정을 지었다. 한국과 팔라우와 국제기관에서 받은 상장과 상패들이 삼면 벽을 가득 채우고 있었기 때문이다. 아마도 팔라우라는 작은 나라에 사는 한국동포가 세계평화상 등 큰 상을 받는다는 사실을 의외로 받아들이는 눈치였다.

양 기자는 3박 4일 동안 사업장들을 방문하며 인터뷰를 진행했다. 나의 삶 뿐 아니라 팔라우의 역사와 현재도 두루두루 취재했다. 팔라우의 아름다운 경관을 둘러보면서 감탄사를 연발하기도 했다.

한국으로 돌아간 양 기자가 얼마 후 전화를 걸어왔다. 수화기 너머로 양 기자의 들뜬 음성이 들려왔다. 한국일보가 나를 '2015 올해의 감동대상'으로 선정했다는 소식이었다. 나는 마음속으로 하나님께 감사의 기도를 올렸다.

함기철 총장이 수여한 박사학위

함기철 신한서대학교 이사장은 대체의학과 자연의학에 조예가 깊은 분이다. 그는 1989년 함주학원을 세웠다. 1992년

엔 한서대학교를 설립했다. 신한서대학교 재능경력대학원 총장과 전국생활체육합기도연합회 상임부회장 등 여러 직책을 맡아 왕성한 활동을 하신 분이다. 그런 그가 팔라우에 신한서대학교 자매대학을 설립했다. 항공 정비사와 비행사 양성을 목적으로 여러 차례 팔라우를 왕래하다가 내린 결정이었다.

2018년 여름, 나는 휴가 겸 건강검진차 한국을 방문했다. 그때 함 이사장이 예산 윤봉길기념관에서 열리는 재능경력인증 학위식에 나를 초청했다. 하필 그날 병원 검진 일정이 잡혀 있어 초대에 응하지 못했다. 두고두고 미안한 마음을 지울 수 없었다. 코로나가 막 번지기 시작하던 2019년 말 함 이사장을 찾아뵈었다. 불행히도 그는 뇌출혈로 병실에 누워계셨다. 제대로 몸을 가누지 못하면서도 팔라우에 설립한 자매대학 활성화를 위해 노심초사하고 있었다. 실로 무서운 집념이었다. 병중에도 쉬지 않고 행정과 장학사업을 지휘하고 있었다.

이런저런 대화를 나누던 중이었다. 함 이사장의 비서가 불쑥 상패 하나를 들고 들어왔다. 내 이름과 재능경영 박사학위가 새겨진 예쁜 에메랄드 상패였다. 당황해하는 나를 보고 함 총장이 입을 열었다.

"내가 언제 이 세상을 떠날지 몰라 미리 준비해 뒀습니다. 하 회장님이 지금까지 팔라우에서 보여주신 노력과 업적을 기리고 격려하고 싶었습니다. 회장님께 재능경영 박사학위를 드립니다."

비서가 상패에 새겨진 박사학위 글귀를 읽어 내려갔다. 아주 귀하고 특별한 학위수여식이었다. 함 이사장이 병실 침대에 누운 채로 박수를 쳤다. 그의 눈가에 얼핏 눈물이 비쳤다. 병원을 나오는 내 눈시울도 뜨거워졌다.

하순섭과 한파,
아직도 나는 현역이다

한파그룹은 은행 빚이 없는 기업이다. 우리 기술과 우리 자본만으로 이루어낸 단단하고 알찬 기업이다. 23개나 되는 전문면허를 보유한 팔라우 최고의 그룹들 중 하나로 인정을 받고 있다.

한파그룹의 대표인 나는 팔라우 대통령 경제고문을 두 차례나 맡았다. 1990년부터 2000년까지 10년간 팔라우 한인회

장을 역임했다. 11기에서부터 21기까지 11회 연속으로 민주
평통자문위원 활동을 하고 있다. 2020년 팔라우 대통령 감사
장과 2022년 팔라우 올림픽위원회 감사장을 받았다. 이만하
면 이국땅에서 부끄럽지 않은 삶을 살았다고 자부해도 되지
않을까?

나는 45여 년 동안 팔라우에 살면서 교민들의 권익과 지위
향상에 최선을 다해왔다고 자부한다. 나는 민간 외교관임을
한시도 잊은 적이 없다. 팔라우와 한국의 친선을 위해 노력했
다. 한국의 통일정책과 대내외적 활동에 항상 팔라우 정부의
협조를 당부하고는 했다. 이런 나를 두고 어떤 현지인은 이렇
게 말하기도 했다.

"미스터 하는 한국에 대한 사랑이 너무 강합니다. 미스터
하가 하는 일은 대부분 한국과 연관된 일들입니다. 마치 여러
분야에서 외교를 하는 사람처럼 보입니다."

팔라우에서 한파그룹을 일구며 팔라우 한인회와 한글학교
를 이끌었다. 한인교회를 세울 때도 건축위원장으로 일했다.
팔라우경제인연합회 회원으로, 양국 간 경제발전을 위해 수
시로 정부기관이나 한국무역투자사절단을 유치해서 상담회

의와 세미나를 가졌다. 우리나라 진출기업의 현안 문제해결을 위해서도 바쁜 행보를 마다하지 않았다.

먼 훗날 누군가가 나를 추억할 때 '뼛속까지 한국인'으로 떠올렸으면 좋겠다는 것이 나의 바람이다. 내 아들은 미국 유학을 끝내고 자진 귀국해 군 복무를 마쳤다. 해외 장기체류 교민이어서 병역 면제 대상자였지만, 만기로 병역을 마쳤다. 주위 사람들이 의아해했지만 대한민국 국민으로서 마땅히 해야 할 의무라고 생각했다. 원칙과 공정을 중시하는 나의 소신과 고집도 한몫했다고 할 수 있다.

소소한 봉사활동도 게을리하지 않았다. 사실 봉사란 거창한 게 아니다. 가진 사람과 덜 가진 사람을 이어주는 징검다리 역할을 할 뿐이다. 모교인 부경대학교에 장학금을 10여 년간 지급하기도 했다. 팔라우의 소년소녀가장들과 불우 노인들에게도 얼마간의 지원을 하고 있다. 또한 한인 간에 어려울 때 도움을 주면서 상호 부조하는 마음으로 지내고 있다. 그러면서도 나는 '시혜불념 수혜불망施惠不念 受惠不忘, 베푼 것은 잊어버리고 받은 은혜는 잊지 말라'이라는 경구를 가슴에 품고 산다.

내 욕심은 그리 크지 않다. '귀신 잡는 월남 정글의 해병' 출신으로 남국의 나라 팔라우에 조용히 사랑을 심고 싶을 뿐이다. 신화를 남긴 인물이 아니라 '대한민국 사천 촌놈' 하순섭이 치열하게, 그리고 베풀며 잘 살았네라는 평가라면 더 이상 바랄 게 없겠다.

구니오 나카무라 팔라우 대통령이 나에게 종종 건네던 말이 있다.

"미스터 하가 일을 하는 모습을 보면 마치 장군이 부하를 이끌고 전쟁터로 나가는 것 같다. 그 열정이 두렵기까지 하다."

나는 그런 평가를 받을 때마다 나를 담금질하는 계기로 삼기도 했다. 칭찬에 우쭐거리지 않았다. 나는 오늘도 양국의 우호와 발전을 위해 신발 끈을 고쳐 맨다. 젊은이 못지않은 열정으로 내달리다 보니 날 새는 줄 모를 정도로 하루하루가 빨리 지나간다.

나에게 주어진 마지막 소임이 있다. 팔라우의 관광 활성화를 이끄는 일이다.

팔라우의 아름다운 경관들을 세계에 알리고 싶다. '신들의 정원'으로 불리는 록아일랜드에서 해상관광과 낚시와 다이빙을 연계한 요트와 스피드보트 사업을 보람차게 일으키는 중이다. 나는 아직 길 위에 있다.

나는 아직도 현역이다.

모교에서 명예박사학위를 받다

아직도 현역이다!

팔라우의 작은 신화, 하순섭

초판 1쇄 발행 2024년 5월 8일

저 자   하순섭
발행처   예미
발행인   황부현
편 집   박진희
디자인   김민정

출판등록   2018년 5월 10일(제2018-000084호)

주소   경기도 고양시 일산서구 강성로 256, B102호
전화   031)917-7279   **팩스** 031)911-5513
전자우편   yemmibooks@naver.com
홈페이지   www.yemmibooks.com

ISBN 979-11-92907-40-6   03320